Le sourire intérieur

Savoir accueillir la joie

Groupe Eyrolles
61, bd Saint-Germain
75240 Paris Cedex 05

www.editions-eyrolles.com

Avec la collaboration d'Anne Jouve

© Groupe Eyrolles, 2013
ISBN : 978-2-212-55645-2

Alain Héril

Le sourire intérieur

Savoir accueillir la joie

EYROLLES

Ron et Pat Potter-Efron, *Que dit votre colère ?*
Patrick-Ange Raoult, *Guérir de ses blessures adolescentes*
Daniel Ravon, *Apprivoiser ses émotions*
Alain Samson, *La chance tu provoqueras*
Alain Samson, *Développer sa résilience*

Dans la collection « Les chemins de l'inconscient »,
dirigée par Saverio Tomasella :

Véronique Berger, *Les Dépendances affectives*
Christine Hardy, Laurence Schifrine, Saverio Tomasella,
Habiter son corps
Martine Mingant, *Vivre pleinement l'instant*
Gilles Pho, Saverio Tomasella, *Vivre en relation*
Catherine Podguszer, Saverio Tomasella, *Personne n'est parfait !*
Saverio Tomasella, *Oser s'aimer*
Saverio Tomasella, *Le Sentiment d'abandon*
Saverio Tomasella, *Les Amours impossibles*
Saverio Tomasella, *Hypersensibles*

Dans la collection « Communication consciente »,
dirigée par Christophe Carré :

Christophe Carré, *Obtenir sans punir*
Christophe Carré, *L'Auto-manipulation*
Christophe Carré, *Manuel de manipulation à l'usage des gentils*
Florent Fusier, *L'Art de maîtriser sa vie*
Emmanuel Portanéry, Nathalie Dedebant, Jean-Louis Muller,
Catherine Tournier, *Transformez votre colère en énergie positive !*
Pierre Raynaud, *Arrêter de se faire des films*

Dans la collection « Histoires de divan » :

Laurie Hawkes, *Une danse borderline*

V

À Violaine Gelly, dont la présence illumine de joie celles et ceux qui la côtoient.
À Ilios Kotsou, maître en émotions.

Remerciements à Carole Sédillot et Sophie Jannekeyn
pour leur précieuse aide théorique.

« *La seule perfection, c'est la joie.* »
Baruch Spinoza, *L'Éthique.*

« *Je me souviens qu'un été récent, alors que je marchais une fois de plus dans la campagne, le mot joie, comme traverse parfois le ciel un oiseau que l'on n'attendait pas et que l'on n'identifie pas aussitôt, m'est passé par l'esprit et m'a donné, lui aussi, de l'étonnement. Je crois que, d'abord, une rime est venue lui faire écho, le mot soie ; non pas tout à fait arbitrairement, parce que le ciel d'été à ce moment-là, brillant, léger et précieux comme il l'était, faisait penser à d'immenses bannières de soie qui auraient flotté au-dessus des arbres et des collines avec des reflets d'argent, tandis que les crapauds toujours invisibles faisaient s'élever du fossé profond, envahi de roseaux, des voix elles-mêmes, malgré leur force, comme argentées, lunaires. Ce fut un moment heureux… * »
Philippe Jaccottet, « Le mot joie »,
Pensées sous les nuages (Gallimard, 1983, p. 121).

Table des matières

PARTIE III

La joie pour rencontrer le monde

Avant-propos

« Si les hommes perdent la joie, je ne pense pas qu'ils vivent, ce sont des cadavres qui marchent. »

Sophocle, *Antigone*.

Parler de la joie c'est aborder ce qu'il y a de meilleur en l'homme. Sa capacité à embrasser le monde, mais aussi l'affirmation de l'une de ses fonctions les plus primordiales et les plus structurantes : le contact et la communication avec tout ce qui n'est pas lui. Car la joie ne peut être que communicative, elle est comme une contagion heureuse qui ne demande qu'à se frotter à la joie de l'autre.

Être en joie n'est pas être heureux. Le bonheur est un concept, parfois une illusion. En revanche la joie est inscrite dans le corps, c'est une émotion et, comme telle, elle est tangible et reproductible.

Cet ouvrage pose un regard sur ce qui peut nous mettre en joie et nous aider à mieux cheminer dans un monde dont nous ne comprenons pas toujours le fonctionnement. Ce monde qui parfois nous échappe, il est bon de savoir le saisir et participer à son évolution. La joie est un outil pour cela.

Alors que partout autour de nous augmente le nombre de dépressions et que de nouvelles maladies psychiques et somatiques (dites maladies de civilisation) sont en train d'éclore, il importe de redonner à la joie sa place primordiale : celle d'un remède efficace et prégnant au sentiment d'abandon et de solitude.

Sigmund Freud (1856-1939) en son temps avait mis en avant deux « énergies » fondamentales de notre construction psychique : la pulsion de mort (*thanatos*) et la pulsion de vie (*éros*). Il est clair que la joie est du côté de la pulsion de vie. Elle irradie nos fonctions vitales, les dynamise et leur donne la possibilité de s'exprimer. Être dans la pulsion de vie, c'est apprendre à saisir le meilleur de soi et à le mettre au service de son lien intime au monde.

Découvrir la joie permet de mettre en place un changement de perspective en soi. C'est de ce changement dont parle ce livre, et de comment celui-ci peut nous aider à mieux vivre et à mieux embrasser ce que nous sommes et ce qui nous entoure. Sans fard, sans fausse innocence. Mais avec une force indéniable et souveraine.

PARTIE I

Ce que les émotions disent de nous

Nous sommes des êtres d'émotions. Même si, parfois, nous ne voulons pas le reconnaître, les émotions guident nos vies et nos comportements, et cela dès notre arrivée au monde.

L'enfant qui vient de naître est ainsi tout entier enrubanné d'un flot émotionnel et cherche à communiquer avec tout ce qui l'entoure. Ses gestes, son babil, ses sourires, ses larmes, etc., tout raconte le grand communicant qu'il est naturellement. Au cœur de ce besoin de participer au monde, il rencontre des figures et des êtres qui entrent en contact avec lui et partagent ses émotions. Tout cela crée l'expérience de la vie qui balbutie et s'installe.

L'enfant s'ajuste à son environnement avec à la fois du plaisir et un peu d'angoisse. Le plaisir est lié à la qualité du partage lorsqu'il est fluide et agréable ; l'angoisse aux frustrations ressenties lorsque ses besoins ne sont pas satisfaits d'emblée. Mais ce que l'enfant apprend avant toute chose, c'est le plaisir à être en relation avec les autres. Cela confirme son identité et l'aide à développer un narcissisme structuré et structurant.

Histoire intime
de nos émotions

Au tout début de son arrivée au monde, un bébé est encore en osmose avec sa mère, elle et lui ne font qu'un, comme une bulle de sensations partagées isolant du reste de l'univers. On ne peut pas vraiment dire qu'il s'agit d'un monde émotionnel en tant que tel mais plutôt d'un ensemble de sensations qui circulent de l'enfant à la mère dans un espace sécurisant et fusionnel. Dans cet espace, la mère et l'enfant développent ensemble un mode de communication intriqué l'un dans l'autre. Puis vient le temps de la différenciation, ce moment si particulier où l'enfant s'aperçoit (parfois avec anxiété) qu'il y a lui d'un côté et le monde de l'autre, qu'il existe un espace qui sépare, fractionne, différencie les choses et les êtres. C'est dans cet espace que se construit le lien, l'attachement, mais aussi la découverte du registre émotionnel.

L'enfant cherchera à retrouver cette osmose par un besoin de proximité. Il continuera à réclamer une attention exclusive, pourra même être tyrannique dans cette demande, parce qu'il est nostalgique d'un éden relationnel qu'il tente de retrouver. Et, bien souvent, devenus adultes, certains d'entre nous continuent de rechercher cet état au travers de leurs relations amoureuses ou de leur sexualité.

Qu'on le veuille ou non, le moment de la différenciation est indispensable à notre construction identitaire. Il nous faut devenir un sujet ! Il nous faut comprendre et intégrer notre dimension solitaire pour pouvoir conquérir l'autre, le désirer, entrer en partage émotionnel avec lui. Il nous faut être solitaire pour devenir solidaire. Et cela s'apprend dès nos premières années de vie. Lorsque l'enfant comprend que l'espace entre lui et sa mère n'est pas un abandon définitif mais qu'il est constitué d'allers et retours successifs, il enregistre l'idée que ses émotions sont de nature éclectique et qu'il peut envers la même personne ressentir aussi bien de la joie que de la tristesse, de la haine que de l'amour. La diversité de son registre émotionnel prend forme et il grandit dans cet apprentissage de la gestion et de la compréhension relationnelle au fur et à mesure de son évolution personnelle.

Ainsi, très tôt, de par notre expérimentation de ce qui à la fois nous sépare et nous rapproche des autres, nous comprenons l'être émotionnel que nous sommes. Et nous intégrons les émotions de base à partir desquelles va se construire l'ensemble de nos échanges avec tout ce qui n'est pas nous : la nature, les autres, l'autre et nous-mêmes également. Cette expérimentation nous permettra de comprendre que ces émotions sont partagées par les autres et qu'elles font partie de la manière dont nous allons vivre et aimer.

Que dire de soi et jusqu'où le dire ?

Nous vivons donc dès le début de notre histoire une véritable aventure émotionnelle. Du lien fusionnel avec la mère en passant par la nécessaire différenciation puis, à l'âge adulte, la rencontre avec l'autre dans l'amour, le sexe, l'amitié, le travail, etc., nous découvrons ce que nous sommes par ce que nous éprouvons. Et ce que nous ressentons se scinde très rapidement en deux grandes catégories : ce que nous pouvons montrer de nos émotions et ce que nous devons occulter et ne garder que pour nous-mêmes.

Dire ses émotions, les montrer, les exposer aux yeux de toutes et tous c'est se dévoiler fortement. Cet éventuel dévoilement permet de poser les limites de ce qui est de l'ordre de l'intimité et de ce qui ne l'est pas. Nous édifions ainsi un rapport entre nous et les autres en créant une frontière-contact qui nous permet d'évaluer jusqu'où l'autre est envisageable et acceptable en fonction des situations que nous vivons. Ainsi, par exemple, peut se déterminer ce qui est de l'ordre du social et ce qui est de l'ordre du particulier. Cette « scission » est constructive. Elle nous donne le loisir de différencier nos états d'être et de les contrôler afin de mieux vivre les uns avec les autres.

Nous recherchons l'équilibre émotionnel, le bon ratio entre ce que nous acceptons de dévoiler de notre fonctionnement interne et ce que nous gardons secret. Bien entendu, ce contrôle a des limites, et lorsque nous cherchons à trop cadenasser nos émotions, nous risquons de perdre le contact avec l'autre et de ne vivre nos registres émotionnels que seuls.

On ne peut que remarquer combien dès les débuts de la vie la question du dévoilement se pose à nous. Que dire de soi et jusqu'où le dire ? Que montrer de soi et jusqu'où le montrer ? Et de laisser ainsi à l'autre la capacité, de par ses réactions d'acceptation et de refus, de valider nos émotions et de leur donner un sens.

Se dévoiler demande d'être en confiance et en sécurité. Cela présuppose que l'autre sera apte à comprendre notre colère ou notre peur et à pouvoir l'accepter sans porter un jugement trop radical. Les émotions créent le lien ou le délient. Et nous savons de fait combien, en jouant avec elles, en les montrant, en les cachant, en les falsifiant, nous pouvons dialoguer avec les autres.

Les six émotions primaires

De l'enfance à la maturité de l'adulte, nous vivons avec six émotions primaires : la peur, la tristesse, la colère, le dégoût, la surprise et la joie. Ces émotions de base peuvent se conjuguer les unes aux autres. Nous pouvons aussi, en fonction des situations, en privilégier certaines et en discriminer d'autres. Mais ce qui est sûr, c'est qu'elles sont en nous dès le début de notre incarnation et que plus nous les acceptons, mieux nous nous connaissons.

Abordons chacune de ces émotions afin de saisir au mieux ce qu'elles disent de notre humanité.

La peur

> « Seuls les cailloux ignorent la peur. »
> Pascale Roze, *Ferraille*.

La peur est une émotion réactive. Elle survient suite à un événement concret qui suscite une réaction de défense de l'organisme qui peut être assimilée à une réaction de sauvegarde, voire de sur-vie. Une menace, une agression, un événement inattendu, etc., bref, une effraction dans l'organisation du quotidien peut entraîner une peur. Notez qu'il ne faut pas confondre la peur avec l'angoisse ou l'anxiété. La peur a toujours un « objet » que l'on peut nommer. L'angoisse est sourde et l'on ne peut définir ce qui la crée.

Il nous faut remercier la peur, notre émotion la plus archaïque, car elle nous protège en déclenchant ces alertes qui nous permettent d'échapper à de véritables dangers lorsque notre intégrité physique ou psychique est menacée. Lorsque nous ressentons de la peur, nous pouvons soit l'affronter, soit la fuir. Quand la peur se porte sur un objet récurrent elle peut se métamorphoser en phobie (claustrophobie, agoraphobie, arachnophobie, etc.).

En dehors des éléments réels et repérables, la peur peut prendre une dimension plus relationnelle comme la peur de l'abandon, du rejet ou la peur de ne pas être aimé. La peur nous maintient alors à distance des autres, elle nous laisse en retrait.

Peur d'être un fantôme

Bernard a 42 ans. Depuis son enfance il est considéré comme timide et effacé. On peut très bien ne pas le remarquer au cours d'un dîner tant il sait se fondre dans la parole des autres. On dirait qu'il n'a pas de vie propre, qu'il est comme un fantôme traversant sa vie... Il se réveille le jour de ses 40 ans : « Ce fut comme le symbole que je ne pouvais plus vivre ma vie en spectateur ! » Il entreprend une psychothérapie qui lui permet de saisir combien la peur était devenue comme une seconde peau ! « Ma vie a trop longtemps été animée par la peur. Peur des autres, du monde du travail, de l'amour... En fait peur de moi-même. J'ai mis longtemps à comprendre d'où venait ma peur. Mais je veux vivre en rassurant l'enfant perdu qui vit encore en moi. Enfin ! »

La peur peut aussi être une arme pour contraindre l'autre, l'asservir en lui « faisant peur »… Dans ce lien aux autres, à tout ce qui n'est pas nous, la peur joue alors un rôle d'exclusion. Trop présente, trop prégnante dans notre organisation psychique, elle fait de nous des êtres chétifs psychologiquement et nous renferme sur nos croyances sécuritaires. Car, au-delà des menaces réelles, la peur nous conforte dans l'idée que nous sommes seuls au monde, sans relais avec l'autre. Elle ignore alors la joie, avec son cortège d'adhésion et de participation au monde.

La tristesse

« La tristesse est un mur élevé entre deux jardins. »
Khalil Gibran.

La tristesse est une émotion qui traduit un vide intérieur. Être triste, c'est être dépossédé de ce qui nous rend plein et entier. Nous ressentons comme une sensation de manque, un gouffre, une vulnérabilité intolérable. Quelque chose de notre être n'est pas satisfait ou est trop atteint par une perte profonde et frustrante. Tout semble s'écrouler, les larmes et la frustration occupent tout l'écran du psychisme.

Comme la peur, la tristesse éloigne des autres, elle appelle à la solitude et au retrait. Une nourriture affective indispensable a disparu. On se sent perdu et la motivation à vivre, à partager, à donner et à recevoir est édulcorée.

« Sylvie la triste »

« Lorsque j'ai perdu ma mère j'ai été envahie par une tristesse sans nom. Je n'avais plus de corps ni d'âme. Je me souviens encore de mes déambulations dans Paris sans savoir où j'allais, comme perdue. J'étais dans l'illusion folle que ma mère allait apparaître à n'importe quel coin de rue. Et tout me semblait triste, comme si mon humeur était contagieuse et envahissait tout le paysage. J'ai mis beaucoup de temps à remonter la pente. Mais ce qui m'a aidé, c'est de comprendre combien ma tristesse était devenue comme une identité et que je ne pouvais pas m'en sortir si je ne changeais pas mon registre émotionnel. Sinon je serais restée toute ma vie "Sylvie la triste" ! »

La tristesse est la principale réponse au deuil. Qu'il s'agisse d'un deuil réel, comme la perte d'un être cher, ou d'un deuil symbolique, comme la perte d'un amour ou d'un travail, le sentiment est similaire. On se décroche du lien structurant aux autres et on a l'impression que seuls les êtres tristes comme nous peuvent nous comprendre. La tristesse est un déficit de l'âme. Tout est atone et sans possibilité de mouvement.

L'émotion provoquée par la tristesse est un bouleversement des fondements de l'être. Les fondations qui permettaient de se maintenir dans un lien d'échanges diversifiés avec le monde extérieur s'écroulent. Il ne reste qu'une vision mélancolique du monde comme embuée par des larmes qui, parfois, ne se déversent pas. Ainsi la tristesse conduit à une absence d'appétence à la joie, comme si celle-ci était une ennemie potentielle.

La colère

Tout comme la peur, la colère est une émotion réactive. Elle survient, la plupart du temps, suite à une trop grande frustration. La colère exprime notre mécontentement, notre agacement à ne pas pouvoir être satisfait dans nos besoins les plus élémentaires. Elle est toujours violente, soit tournée vers le monde extérieur, soit contre soi.

Comme toute émotion, la colère n'est pas négative en elle-même. Elle nous donne la possibilité d'affirmer ce que nous voulons, même si cela se fait parfois avec des expressions verbales et/ou physiques spectaculaires. Il s'agit d'une énergie considérable qui se déverse et se donne à voir ou à ressentir et elle s'accompagne, une fois cette énergie éprouvée, d'un sentiment de culpabilité ou de tristesse.

La colère est une émotion faite de contradictions importantes. Ces contradictions créent un entrelacs de sentiments qui génèrent, outre la culpabilité ou la tristesse évoquées plus avant, une amertume particulière que nous pouvons qualifier ici de sensation postcolérique. C'est là l'un des aspects singuliers de la colère que de continuer à exister par bribes au-delà de ses moments d'expressions privilégiés.

Les colères de Samuel

« Dans ma vie j'ai eu des colères terribles ! Je sentais bien que je faisais peur à mon entourage dans mes débordements. Mais c'était plus fort que moi. Le seul moyen de dire que je n'étais pas d'accord c'était de taper du poing sur la table, de hurler, de briser des objets. Je me faisais mal à moi-même mais je me libérais aussi ! Quand j'y pense, à présent, je m'aperçois à quel point j'aimais être en colère et voir l'effroi dans le regard des autres. Cela me donnait l'impression d'être entendu et compris, et d'avoir une place bien à moi, reconnue par les autres, fut-ce au prix de leur peur et de leur rejet ! »

On dit « j'ai peur » : c'est un avoir qui vient de l'extérieur. On dit « je suis triste » : c'est un état interne profond. Et on exprime sa colère en disant « je suis *en* colère » : c'est comme une sensation qui a presque un aspect de possession. On est activé par la colère comme si l'on était possédé par une sensation qui venait de l'extérieur et qui s'exprimait malgré soi.

La colère ne peut accepter la joie car elle a besoin de l'exclure pour donner toute sa mesure.

Le dégoût

> « Ah Seigneur ! donnez-moi la force et le courage
> de contempler mon cœur et mon corps sans dégoût ! »
> Charles Baudelaire, « Un voyage à Cythère », *Les Fleurs du mal.*

Le dégoût est en lien avec la honte. On peut être dégoûté par quelque chose, une situation ou par quelqu'un. Dans tous les cas on projette vers l'extérieur des caractéristiques que l'on ne voudrait pas voir associées à soi-même : c'est une émotion projective.

Une forme simple de dégoût correspond à notre rejet de ce qui nous révulse. Dans ces moments-là, notre corps se fige et a tendance à reculer dans un mouvement de prélude à la fuite qui correspond à la gêne à rester en contact avec l'objet de la honte et de l'aversion.

15

Mais il existe une autre forme de dégoût, dont la poésie, la philosophie et la psychologie parlent souvent : ce sentiment si particulier qu'est le « dégoût de soi ». Il s'agit d'un moment existentiel où le dégoût ne se porte plus vers l'extérieur de soi mais se confond avec la personne même. Ce sentiment s'accompagne souvent d'une profonde tristesse proche de la dépression et de la mélancolie, devenant alors le reflet d'une profonde mésestime de soi-même.

On peut supposer que cette émotion est liée à ces moments de la petite enfance où l'enfant, ne sachant faire la différence entre la bonne et la mauvaise attitude, si ce n'est au travers des réactions parentales, reçoit continuellement des messages négatifs sur ce qu'il fait et ressent. Il peut alors développer un regard sur lui-même uniquement constitué d'autoreproches qui correspondent à ceux répétés de ses parents et qu'il aura interprétés comme une vérité immuable.

Les dégoûtantes chaussures de Pierre

« Plein de choses me dégoûtent ! Surtout les chaussures sales ! Allez savoir pourquoi ? Je me souviens que j'ai voulu très tôt savoir lacer seul mes souliers et que ma mère se moquait de moi ! "Tu n'y arriveras jamais !", disait-elle, et elle ajoutait : "Couillon !" Est-ce que c'est cela qui m'a marqué ? C'est un vrai dégoût qui me provoque des envies de vomir ! »

Il va de soi que le dégoût, à moins d'être masochiste ou pervers, ne fait aucun ménage avec la joie. Le dégoût ignore la joie comme le jour ignore la nuit.

La surprise

« Celui qui ne peut plus éprouver ni étonnement ni surprise
est pour ainsi dire mort, ses yeux sont éteints. »
Albert Einstein, *Comment je vois le monde.*

Chaque émotion porte en elle-même son versant sombre et sa part de lumière. En fonction de nos croyances et de nos valeurs, nous sommes amenés à privilégier certaines émotions plutôt que d'autres. Si pour la plupart de nos contemporains la peur, la tristesse, la colère et le dégoût sont assimilés facilement à des émotions négatives, il en est autrement pour la surprise et pour la joie, dont nous parlerons plus longuement dans les chapitres à venir.

L'émotion de surprise a deux versants radicalement opposés. Elle est soit liée à une « bonne surprise », un inattendu qui crée du contentement, soit elle est assimilable à la peur parce qu'elle déconcerte par son aspect imprévisible, surtout lorsqu'elle s'accompagne de mauvaises nouvelles ou de sensations particulièrement désagréables.

La surprise raconte ainsi notre vulnérabilité car elle ne peut se vivre que si nous laissons de côté notre carapace relationnelle et acceptons d'être influencés par les événements extérieurs. Pour être surpris nous devons donc nous rendre perméables et nous ouvrir au dialogue avec ce qui n'est pas nous-mêmes, car lorsque tout est calculé et prévisible, l'espace pour la surprise est réduit à néant.

> **Noah, 6 ans**
>
> « J'adore faire des surprises ! Les gens ouvrent grande la bouche ! Comme s'ils voulaient avaler des mouches ! »

On peut dire que la surprise est cousine de la joie dans la mesure où la joie nous met souvent dans une position d'ouverture grâce à laquelle la surprise peut se parer de couleurs positives.

La joie

La joie est l'émotion située au cœur même de cet ouvrage et autour de laquelle nous allons développer certains concepts. Mais ce qu'il est bon de dire d'ores et déjà, c'est combien la joie est mal comprise, combien elle est assimilée à l'hystérie, à la gaudriole, à quelque chose d'extérieur à soi qui se répand vers les autres et qui se partage furtivement. L'objet de ce livre est de démontrer qu'il est plutôt question d'un mouvement interne et intime qui engage l'être dans sa relation au monde de manière profonde et existentielle. Notre rapport à la joie dit notre liberté à être pleinement nous-mêmes avec et parmi les autres qui nous entourent et nous accompagnent sur notre chemin de vie.

Dialoguer avec ses émotions

Parler de ses émotions, les vivre, est souvent synonyme de contraintes, de dévoilement impudique, de lien avec ce qui échappe à notre contrôle. Nous aimerions tellement offrir aux autres et au monde un visage lisse, preuve d'une maîtrise de soi sans faille. Mais que nous le voulions ou non, nous sommes des êtres d'émotions, et celles-ci vivent en nous depuis notre arrivée au monde. La question est donc d'apprendre à dialoguer avec elles, de cesser de les voir comme des ennemies qui nous voudraient obligatoirement du mal.

Nous avons vu de manière succincte les émotions de base de tout être humain. Il est clair que nous ne les vivons pas avec la même intensité à chaque fois. Même si, par exemple, la colère peut envahir tout le prisme de nos ressentis, cela reste temporaire. Nous naviguons ainsi au cœur de notre système émotionnel en fabriquant des cocktails particuliers où la tristesse peut être teintée de dégoût et où la surprise peut être saupoudrée de peur.

Connaître nos émotions et les accepter ne peut que nous rendre plus conscients et plus matures. C'est un travail de longue haleine qui débouche immanquablement sur une connaissance de soi dynamique et structurante.

Voir l'être émotionnel que nous sommes

Les grandes questions existentielles que nous nous posons toutes et tous et qui tournent autour de notre identité sous les formes « Qui suis-je ? » et « Quelle est ma place dans le monde ? » peuvent être envisagées sous une dynamique différente : « Quel être de ressenti suis-je ? » ; « Quelle émotion me définit ? ».

L'être humain est comme un comédien qui pour jouer le plus de rôles possibles et le mieux possible doit élargir sa palette de sensibilités et se donner la possibilité d'explorer le plus grand éventail d'émotions humaines. Il voyage à l'intérieur de lui, reconnaît ses registres émotionnels, les comprend, les canalise, et établit comme une banque de données interne. Lorsqu'il a besoin de traduire telle ou telle émotion, il la revisite et met les émotions reconnues au service de

19

son personnage. Il en va de même pour tout un chacun. Plus nous acceptons nos émotions de base et plus nous pouvons laisser se décliner ce que nous sommes et montrer ce que nous ressentons.

Les sentiments découlent des émotions. Ils s'organisent à partir d'une matrice émotionnelle. La jalousie, l'amour, l'angoisse, la fureur, la consternation, la douleur, le respect, la confiance, la trahison, etc., tous ces sentiments découlent de nos registres émotionnels de base et les accepter permet de pouvoir travailler dessus lorsque nous désirons les modifier. C'est la première étape de tout travail sur soi : regarder l'être émotionnel que nous sommes, l'accepter et saisir nos sentiments dans leurs expressions les plus directes et les plus simples pour ensuite chercher à les changer si nécessaire. Mais les changer pour quoi ? Essentiellement pour s'ouvrir à soi-même et aux autres ; pour aller vers une stratégie de rencontre et de connivence.

Dialoguer avec ses émotions est synonyme d'un lien facilité avec les autres. Car se rencontrer dans son être émotionnel, c'est accepter d'être ouvert, fragile, et de saisir l'autre dans ces mêmes ouvertures et fragilités. C'est une occasion de partage profondément humain. Bien entendu, ce que je mets en avant ici est la possibilité d'échanger à partir d'émotions comme la tristesse, la surprise, le dégoût, la peur ou la colère. Je mets la joie de côté car elle est une émotion si singulière et si peu connue qu'il nous faut nous y arrêter quelque temps pour saisir son bien-fondé, sa force.

Partager la joie n'est pas qu'échanger émotionnellement. C'est une rencontre plus profonde et plus essentielle qu'il n'y paraît. C'est le propos des chapitres qui suivent.

La joie, une émotion précieuse

Dans le film de Bernard Rose *Ludwig van B.*, sorti en 1995, on assiste à la scène suivante : le père de Ludwig rentre chez lui, visiblement à la fois ivre de vin et d'une douleur interne sourde et diffuse. Comme à de nombreuses reprises il monte les escaliers pour rejoindre sa chambre et, surtout, corriger son fils à coups de canne. Celui-ci décide d'échapper à son père en se sauvant par la lucarne de sa chambre. Il fuit les coups mais aussi la demeure familiale. Il a fait un choix, court comme un forcené pour échapper à son père et aller vers son destin d'homme.

On voit Ludwig traverser les bois, usant ses forces dans une course éperdue jusqu'à se retrouver au bord d'un lac. Là, sous la pleine lune, il se déshabille et se glisse dans l'eau comme en retrouvailles symboliques avec le liquide amniotique d'autrefois. Il regarde le ciel, étendu sur le dos dans l'eau limpide qui reflète les étoiles. L'eau est étoilée. Le ciel est liquide. Tout se confond. Ludwig compose dans son esprit de jeune homme l'*Hymne à la joie*.

21

Que nous raconte ce moment de la vie de Beethoven ? Que chaque joie est unique, qu'il s'agit toujours d'un lâcher prise particulier, d'une communion entre soi-même et ce qui nous environne. Lorsque le jeune Ludwig décide de fuir la colère de son père il est envahi par la peur. Il échappe à la fureur paternelle comme une flèche et trouve sa joie dans la libération, dans une communion qui n'appartient qu'à lui en correspondance avec les éléments. Sa joie est ainsi teintée de peur et d'effroi.

Comme Ludwig, chacun de nous doit trouver *sa* joie, celle qui lui est propre. Mais comment chacun peut-il se connecter à la sienne ?

Ce que la joie n'est pas

Avant de tenter de saisir comment chacun peut trouver la porte qui conduit à sa joie personnelle, il me semble indispensable de commencer par définir ce que n'est pas la joie, car on assimile trop souvent cette émotion à des registres qui tendent à diminuer son impact et son importance dans nos fonctionnements psychiques et physiques.

• La joie n'est pas essentiellement le rire

Rire est un acte agréable mais ne traduit pas toujours une connexion personnelle avec une joie réelle. Rire peut ainsi être une forme de dégagement, de désengagement, une façon de mettre l'autre à distance. Nous pouvons également « rire jaune », rire par timidité, rire en se moquant, rire pour ne pas pleurer, etc. Le rire peut aussi être une forme hystérique de rapport au monde : une manière désarticulée d'envahir la communication qui ne crée qu'une adhésion temporaire ou un rejet massif.

Bien sûr rire et joie peuvent cohabiter, mais c'est toujours la joie qui précède le rire.

• La joie n'est pas l'expression du bonheur

Le bonheur est un concept dont la définition appartient à la fois à chacun et au corpus social. Notre société consumériste place le bonheur du côté de l'accumulation, de l'avoir, du gain amplifié, ce qui n'entraîne pas obligatoirement une émotion de joie mais plutôt un sentiment d'adhésion à la conformité, qui peut être aussi bien contentement que source de stress. Par exemple nous sommes heureux de faire des affaires pendant les soldes comme tout le monde, mais stressés par l'idée de l'argent dépensé.

Ce que nous pourrions assimiler au bonheur est ainsi plus de l'ordre de la satisfaction que de la joie en elle-même. Satisfaction d'un « devoir » accompli, d'un devenir réalisé, d'une étape franchie, etc.

Le bonheur reste un but, un projet que chacun peut porter en lui à sa convenance. Mais qui peut dire qu'il est dans la permanence du bonheur ? Qui peut l'affirmer ? Le bonheur se cherche et la joie se trouve. C'est une différence notable.

• La joie n'est pas le contentement

Le contentement résulte de l'obtention d'un bien, qu'il s'agisse d'un objet ou d'une prise de décision nouvelle. Quelque chose que l'on n'avait pas, fait irruption dans notre réalité et nous le faisons nôtre. Le contentement illumine, certes, mais il ne s'inscrit pas dans une permanence de joie, plutôt dans un éclair de bien-être. Les sentiments que procure le contentement vont dans le sens d'une agréabilité mais ils sont les témoins d'une légèreté bienheureuse, pas d'une mutation réelle. Or nous verrons plus loin que le propre de la joie est de modifier l'organisation interne de l'être.

• **La joie n'est pas l'extase**

L'extase est un état de sortie de l'être. Étymologiquement, il s'agit d'une sensation de sortie hors du monde sensible. L'extase peut entraîner le sourire, mais elle ne conditionne pas une joie car elle ne s'exprime principalement que dans le silence, le recueillement et la solitude. Il existe comme un lien naturel entre extase et silence. La joie, elle, ne cherche pas obligatoirement l'absence de sons pour se dire. Elle peut jaillir avec symphonie ou se taire dans le blanc épuré d'un désert. Ce qui n'empêche pas la joie d'être extatique et, dans ce cas d'amener à un rapport à soi-même proche de la méditation ou du ravissement.

• **La joie ne guérit pas la douleur de l'autre**

Il y a en chacun de nous un sauveur qui sommeille. Nous voudrions tellement (vieux rêve de l'enfance !) que tout aille bien et que chacun soit heureux ! Pour cela nous pensons que la joie, si communicative, peut se transmettre comme un virus et guérir l'autre de ses maux. Hélas ! ce n'est pas le bon calcul. L'écoute, l'empathie, la compassion, l'accompagnement bienveillant peuvent être une aide. Et c'est le travail de chacun sur soi face à sa peine qui peut seul aboutir à la sérénité.

La joie n'est pas un médicament. Elle a d'autres vertus que nous aborderons plus loin, mais pas celle-là. La joie reste à la porte du malheur.

• **La joie n'est pas l'ironie**

C'est la marque de l'ironie que de se gausser des travers des uns et des autres à des fins discriminantes. Mais utiliser ce qui pourrait ressembler à de la joie pour inhiber l'autre ou en faire son souffre-douleur est quelque peu pervers. Bien sûr l'ironie est nécessaire pour combattre les vicissitudes du monde ; c'est une arme de défense efficace. Elle donne la possibilité d'une prise de recul sur les événements qui peut être aidante. Mais elle émerge toujours, dans ces cas-là, d'un fond de naïveté et de désespoir. C'est une ironie grave et profonde.

Lorsqu'elle se veut méchanceté gratuite, cynisme acerbe et acide, c'est comme un couteau profondément planté dans la plaie de l'âme. Le rire reste coincé dans la gorge et la joie n'est qu'une mascarade grotesque. Elle ne raconte rien de ce qui fait son éclat et sa puissance. C'est une joie morbide et délétère.

Reconnaître sa propre joie et la glorifier

Lorsque le jeune Ludwig, échappant à la furie de son père, se réfugie dans l'eau (mère symbolique) et trouve la joie, c'est le signe qu'il a retrouvé quelque chose de primitif en lui. Un lieu au cœur duquel il trouve du réconfort ; un lieu qui lui permet d'ouvrir ses sensations et de s'abreuver à une joie sans limites et sans règles.

Chaque être humain a son histoire et se doit de la traverser. Ce que cette histoire fait de nous est singulier. Et nous sommes aussi faits de l'étoffe de ce que nous faisons de cette histoire. Mais malheureuse, il existe dans notre histoire personnelle et les événements qui la constituent des îlots pacifiés où nous avons rencontré l'essence de notre joie. C'est vers cela qu'il est juste d'aller : retrouver notre source de la joie. Comme Ludwig s'immerge dans cette source, à notre tour de rechercher en nous l'endroit où cette source se trouve. Y remonter, y faire escale, y vivre.

Trouver la source de sa joie

Où se cache notre source ? Dans l'enfance. L'enfance est ce temps de l'être où nous sommes en lien avec le monde au travers de notre sensorialité. Tout en nous cherche à participer, à communiquer, à échanger. Il y a chez l'enfant une curiosité naturelle qui se fonde sur un sentiment de joie. La joie de découvrir, mais aussi celle de comprendre les autres et le monde. Nous portons donc tous en nous cette source qu'est l'enfance, comme un talisman.

Lorsque le vécu de l'enfance est difficile, il est un refuge, un lieu où l'on peut construire le monde malgré les épreuves, les abus, les hontes. Ce refuge est structurant, il donne la possibilité de reconstruire le monde dans les recoins d'un imaginaire continuellement positif. J'émets ici l'hypothèse que l'enfant ne veut que la tendresse et que s'il la rencontre chez les adultes il se développe avec un narcissisme solide. Mais je pense que, même s'il ne la rencontre pas, si elle ne lui est pas donnée, il se construit malgré tout un monde personnel, une « carte du tendre » qui n'appartient qu'à lui et qui le sauve des effrois et des angoisses. Comme le jeune Beethoven fuyant la colère de son père, il se construit un univers où la joie a sa place.

L'*INFANS*

Le psychanalyste hongrois Sándor Ferenczi (1873-1933) a développé le concept d'*infans*. Celui-ci correspond à ce qu'est la nature d'un enfant avant l'acquisition du langage. Il s'agit de la première partie de l'enfance, la plus archaïque et aussi la plus innocente. Les mots ne sont pas encore là pour nommer les choses et donner un sens conceptuel à l'environnement. C'est donc le corps qui parle. Il bouge, réclame, cherche à entrer en contact, etc. Ce temps de l'*infans* reste présent en nous lorsque nous sommes adultes. C'est un souvenir inconscient qui continue à nous animer et à teinter nos désirs.

Être en lien avec son *infans* et son enfance, c'est se ressourcer aux prémices de la joie. Pour cela, la personne dite mature doit *ré*-apprendre un certain nombre de règles. Vivre l'instant présent, dire oui à son désir, accepter son corps, valider les émotions positives, répondre aux sourires par des sourires, etc., tous ces gestes simples colorent la vie d'une spontanéité qui ne cherche en rien à être théorisée. C'est un acte de pure gratuité. Un partage. Une connivence continuellement espérée. Se ressourcer à ces endroits de soi, c'est se donner la possibilité de lâcher avec le supposé jugement de l'autre. C'est construire à partir d'un moment spontané qui ne veut qu'une chose : rencontrer et partager. Ainsi faut-il, pour reconnaître sa propre joie, se reconnecter, descendre en soi et ramener dans ses espaces intérieurs ce joyau pur et dur qu'est la joie… Il n'est pas question d'une joie de vivre, mais de joie à *être*.

Quand le chemin est fait, reste à le valider par une constante acceptation de cette dimension ludique, légère à l'intérieur de soi. Et la donner au monde sans retenue. Ce ne sont pas obligatoirement de grands éclats de rire jetés sur les autres comme des jets de peinture sur une toile vierge. C'est une tenue de l'être au plus proche de la source. Une posture. Je dirais même une élégance. Glorifier cette joie trouvée et retrouvée, c'est la laisser vibrer et irradier sa puissance. En soi, à partir de soi et au travers de soi.

Il me semble que l'un des meilleurs exemples est la correspondance qui peut être faite entre la joie et la voix. Lorsque nous n'avons pas l'habitude d'utiliser notre voix et que nous voulons nous faire entendre, nous avons tendance à crier et à nous mettre en tension, comme si l'effort allait lui donner plus de puissance. Si l'on comprend que la puissance de la voix n'est liée qu'à sa capacité à laisser l'air entrer en soi et à utiliser le corps comme caisse de vibration, on se sent puissant. La glorification de la joie est de cet ordre-là. Il s'agit d'ouvrir, d'accueillir et de laisser vibrer. Solidement ancré à la source, on peut d'autant plus rayonner et aller vers la sensation véritable d'une joie qui s'éprouve et se dit.

Un, deux, trois, soleil !

Marc a 45 ans. Il est chef d'entreprise et, de ce fait, se sent investi d'un « devoir de responsabilité » (ce sont ses propres mots !). Il fait attention aux autres, organise tout autour de lui, dans sa vie professionnelle comme dans sa vie privée. Il est le chef, le référent pour tout son entourage. Un jour, tenaillé par un besoin de travail personnel, il s'inscrit à un stage d'analyse transactionnelle[1] sur « l'enfant libre ». Il se retrouve dès le premier exercice

---

1. L'analyse transactionnelle est un outil psychologique permettant de repérer dans notre communication comment nous sommes en liens défaillants avec les autres : soit nous sommes trop « parents », donc autoritaires ; soit trop « enfants », donc soumis. Se connecter à son « enfant libre » est se donner la chance de retrouver une innocence et un rapport ludique au monde.

à jouer à « Un, deux, trois, soleil ! », un jeu qu'il avait oublié et aux règles duquel il se connecte sans difficulté. Et le voici qui se met à rire, à contester les moments où il est surpris en train de bouger, à bousculer ses camarades, à crier, à être léger et heureux. Il sortira de ce stage transformé ! « Je ne savais pas que je pouvais jouer comme cela ! J'ai pris tant de plaisir, tant de joie », dira-t-il. Il s'était donné le droit de lâcher prise avec la responsabilité pendant quelques jours. Juste les instants suffisants pour savoir que cela était possible et pouvait lui faire le plus grand bien... sans remettre en question l'homme responsable qu'il est !

PARTIE II

Itinéraire vers la joie

« J'ai tendu des cordes de clocher à clocher ; des guirlandes de fenêtre à fenêtre ; des chaînes d'or d'étoile à étoile, et je danse. »

Arthur Rimbaud, « Phrases », *Illuminations*.

Nous avons posé la notion de source, cet espace psychique propre à chacun et préservé, à partir duquel l'émotion de la joie peut se construire et se développer. Cela étant, il est bien évident qu'il ne suffit pas de penser à son enfance pour être en joie. Nous pouvons repérer ces moments de grâce en nous souvenant du passé, nous pouvons nous en réjouir, mais il est primordial de construire sa joie propre à partir de là et de se mettre en chemin.

Il existe donc un itinéraire vers la joie. Cet itinéraire se compose de plusieurs étapes, non hiérarchisées mais toutes reliées entre elles. Chacune d'elle est un apprentissage de soi-même, une façon de mieux se connaître et d'installer une intensité relationnelle de soi à soi. C'est une manière de découvrir son unicité, sa fonction d'être humain dans ce qu'elle a de plus considérable et de plus riche.

Aller vers la joie, c'est sans conteste se proposer une ouverture et une expérience qui ne peuvent qu'aider à être plus soi-même. La joie est un centre à partir duquel rayonne la vie. Aller vers ce centre, c'est retrouver la source et remonter le courant jusqu'à soi dans son présent.

S'ouvrir à l'instant présent

On ne peut travestir la joie ni la programmer. Il serait ridicule de dire : « Demain je serai joyeux de 14 heures à 18 heures » ! Nous risquerions de ne pas être crédible et de falsifier une émotion qui a besoin de vérité pour exister. Car la joie est une explosion de l'instant. Elle se lève et se déploie à l'occasion d'un événement, d'une surprise. Il y a de l'instantané dans l'expression joyeuse, du spontané. De l'instant présent.

Mais qu'est-ce que l'instant présent ? Pour tout un chacun, c'est le moment où les choses se passent et se vivent. En ce moment, en tant que lectrice ou lecteur, vous êtes dans l'instant présent de la lecture. Vous suivez mes mots et êtes en lien avec eux. Il n'en demeure pas moins qu'il est difficile d'être en connexion avec ce qui se passe au moment même où cela a lieu. Il y a toujours en nous comme une petite voix qui nous rappelle ce que nous avons fait il y a quelques heures ou hier, ou bien qui nous sollicite pour nous projeter vers demain. Notre rapport à l'instant présent ne peut donc se faire activement que si nous comprenons qu'il y a plusieurs temps inclus dans l'instant présent, et que c'est de la prise de conscience de leur interactivité que va dépendre notre capacité à le vivre réellement.

Un rythme à quatre temps

Le temps présent est composé de quatre temps différents que je me propose de présenter ici.

Le temps réel

Le temps réel est ce que nous percevons au moment où nous vivons les choses. C'est un temps visuel et tangible. Il est façonné par le factuel et c'est son organisation qui nous permet de nous souvenir des événements après coup et de pouvoir dire « Hier je suis allé au marché » ou « Je t'ai vu dans le métro » ! Ce temps est linéaire, il est fait d'une causalité simple : les choses existent parce qu'elles ont une raison d'être et qu'on peut les observer facilement.

Le temps réel est inscrit dans notre mémoire. Il est la base même de l'organisation mémorielle. Sans lui nous ne saurions pas qui nous sommes et qui nous avons été. C'est lui qui se désarticule lors de maladies graves comme la maladie d'Alzheimer, laissant alors la place au temps ressenti, voire au temps de l'inconscient.

Le temps ressenti

C'est le temps que nous vivons en interne. Il se construit à partir de notre mémoire émotionnelle. Lors d'un événement, notre cerveau recherche naturellement les émotions ressemblant à celle que

nous vivons au moment présent. Il les réactualise et colore l'événement de présent et de passé entremêlés. Imaginons que nous sommes face à un paysage agréable. Nous avons l'impression de le
contempler à un moment précis et de ne ressentir que ce qui est en
lien avec ce paysage et ce moment. En fait notre mémoire émotionnelle convoque également tout le prisme des ressentis liés à l'idée
d'un paysage agréable. Ainsi, sans le savoir, nous comparons, nous
évaluons et nous ne profitons de la beauté présente qu'à l'aune des
beautés déjà entrevues et appréciées.

Ce qui peut être souligné également, c'est combien l'émotion d'un
instant nous fait perdre le lien objectif avec le temps réel. Combien
de fois n'est-on pas amené à se dire que « le temps n'existe plus »,
qu'il est « suspendu », que dans les bras de telle personne « on ne
voit pas le temps passer » ? Ce temps ressenti structure nos registres
émotionnels et crée leurs fluctuations au gré des instants vécus.

Le temps de l'inconscient

L'inconscient n'est pas soumis aux structures temporelles ; il est
atemporel. Pour lui n'existe qu'un infini présent, toujours en mouvement. Ainsi un traumatisme vécu à l'âge de 6 mois sera-t-il encore
actif et prégnant (comme s'il venait d'avoir lieu) à 40 ans.

Le temps de l'inconscient, c'est aussi le temps du rêve. Un temps
fait de pulsions et d'affects où la dimension du désir et de la sexualité est très active. C'est le lieu des fantasmes.

Notre cerveau fonctionne selon des lois de causalité qui laissent
entendre que tout effet a obligatoirement une cause. Il nous est difficile d'imaginer un temps sans temporalité, pourtant cela existe.

37

Dans le temps de l'inconscient on peut ainsi vivre les impressions de déjà-vu ou les coïncidences étonnantes dont le psychanalyste Carl Gustav Jung (1875-1961) parlait en employant le terme de synchronicité. Par exemple vous vous réveillez en ayant mal à la tête et vous tombez sur une photo de votre grand-mère. Et sans aucune raison celle-ci vous appelle et vous livre au cours de la conversation qu'elle a une migraine insupportable. C'est un exemple simple de synchronicité, on peut en rencontrer de plus complexes. Ce qui est intéressant, c'est qu'à chaque fois elle donne l'impression que la vie est magique et constituée de coïncidences extraordinaires.

Le temps mythologique

Le temps mythologique dont je parle ici peut être relié à la notion d'inconscient collectif. C'est un temps qui n'est pas quantifiable mais qui joue sur nos structures personnelles de manière très indirecte, sous forme éminemment symbolique. La mythologie grecque nous propose trois dimensions différenciées du temps :

- Chronos, qui est la représentation du temps linéaire, un peu semblable au temps réel nommé plus haut. Il est la figure du temps et de la destinée, représenté sous les traits d'un serpent à trois têtes (homme, lion, taureau). Il est l'action.
- Aïon, qui est une figure de l'éternité, voire de l'immortalité. C'est un temps sans mesure et sans espace, un continuum permanent. Pour Carl Gustav Jung, l'Aïon est la représentation du soi, totalité de l'être humain dans sa réalisation ultime.
- Enfin Kaïros, la figure de l'instant présent, représentée par un jeune homme qui ne porte qu'une touffe de cheveux sur la tête. C'est l'image de l'instant pur, l'instant présent, ici et maintenant.

Il passe régulièrement à notre portée avec vélocité. Trois possibilités s'offrent alors : ne pas le voir, le voir et ne rien faire, saisir sa touffe de cheveux pour happer l'opportunité de vivre au présent du présent.

DE LA JOIE À TOUS LES TEMPS !

Lorsque l'on déplie ainsi la notion du temps, il est important de se dire que la joie est présente à chacun de ces étages. Elle parcourt les dimensions temporelles et prend des formes différentes en fonction des circonstances.

La joie du temps réel est une joie partagée, parfois soudaine, et qui se déclenche en forme de réponse à l'environnement. C'est une joie réactionnelle, comme celle que l'on peut vivre après un événement singulier.

La joie du temps ressenti est une joie plus intérieure. Une joie que l'on porte en soi et qui s'exprime au gré des émotions, que celles-ci soient partagées ou non.

La joie du temps de l'inconscient est celle à partir de laquelle se construit notre désir. Elle est plus inaccessible que les autres mais elle est profonde. C'est le lieu de la source, l'*infans*.

La joie du temps mythologique est liée aux autres formes de joie, comme un complément ou une amplification.

Chronos est le temps réel, Kaïros est le temps présent, et Aïon l'éternité de la joie.

Être avant tout présent à soi-même

Lorsque je parle de l'ouverture au temps présent, il ne s'agit pas seulement de l'instant qui est là. Il s'agit surtout de la manière dont nous sommes présents à nous-mêmes dans l'émotion de la joie.

Cela concerne tous les axes du temps, toutes ses formes, toutes ses manifestations. Être joyeux n'est donc pas seulement lié au rire (même salvateur) qui nous secoue mais à cet état interne qui nous porte vers le monde avec assurance. La joie qui nous importe ici, celle qui a la dimension spirituelle la plus éloquente, est une joie chevillée au temps de l'inconscient et à Aïon. Cette joie-là illumine l'intérieur même de chaque personne qui la ressent.

Des poissons joyeux

Un jour, un disciple du grand philosophe spiritualiste Lanza del Vasto (1901-1981) voit son maître sur un pont, visiblement très absorbé à contempler l'eau et dans un état méditatif certain. Le disciple s'avance, dans la crainte de le déranger mais mû par un trop grand désir de savoir ce qu'il se passe. Le maître se retourne et lui demande : « Peux-tu voir et ressentir l'immense joie des poissons qui défilent sous le pont ? » Le disciple ne sait quoi dire. Il regarde les poissons, se tourne vers Lanza et l'interroge à son tour : « Comment savez-vous que les poissons sont joyeux ? » Et Lanza del Vasto de lui répondre : « À ma joie d'être là sur ce pont ! »

Voilà un exemple de ce qu'est cette joie de l'Aïon : une joie de l'instant présent mais qui trouve sa source dans une dimension intemporelle. Une joie participative qui englobe le tout de l'être : personne, objets, remuements des choses, etc.

Cette participation au monde est faite d'une respiration synchrone avec ce qui entoure l'être joyeux. Il est entendu que plus l'environnement est paisible, plus cette joie a de latitude pour se vivre. Entre le pont tranquille sur lequel se trouve Lanza del Vasto et la station de métro Châtelet à 18 heures, il se trouve une différence certaine !

Néanmoins il y a comme un effet de contagion inhérent à l'émotion de joie. Si l'on est chevillé à sa joie interne, elle cherchera des points d'accroche, des connivences dans l'entourage. Que l'on soit sur un pont au cœur de l'Ardèche ou dans un couloir du métro parisien.

Apprendre à se connecter à toutes les facettes du temps

S'ouvrir à l'instant présent est donc apprendre à se connecter à toutes les facettes du temps. Ce n'est pas une seule dimension temporelle qui est convoquée. C'est le temps dans sa densité la plus globale qui traverse l'être et que la joie accompagne de son rythme.

Jeu : Le quatuor de jazz

Imaginez une chanteuse de jazz accompagnée d'un quatuor composé d'un piano, d'une batterie, d'une contrebasse et d'un saxophone ténor. Cochez dans le tableau ci-dessous qui ou quel instrument incarne selon vous le temps réel, le temps ressenti, le temps de l'inconscient et le temps mythologique.

	Temps réel	Temps ressenti	Temps de l'inconscient	Temps mythologique
Chanteuse				
Piano				
Batterie				
Contrebasse				
Saxophone ténor				

Le temps réel est la batterie. Elle donne le tempo global, permet une assise solide sur laquelle chaque instrument peut s'appuyer.

Le temps ressenti est le piano. Les modulations et le développement des lignes mélodiques assurent une sensation harmonique directe.

Le temps de l'inconscient est la contrebasse. Elle est inaudible au premier abord mais scande, en accord avec la batterie, une respiration sous-jacente au rythme. Sans elle l'édifice est bancal.

Le temps mythologique est assuré par le saxophone ténor. Il est fait de vrombissements. Il souligne la mélodie du piano sans la copier et tout en l'agrémentant de propositions de notes et d'arpèges donnant à l'ensemble un chatoiement particulier.

Et la chanteuse me direz-vous ? La joie est la voix de la chanteuse. Elle s'appuie sur l'édifice temporel et dialogue tour à tour avec l'ensemble du quatuor mais aussi avec chaque instrument dans la particularité de sa sonorité. L'auditeur entendra d'abord cette voix. C'est elle qui assurera l'émotion première, directement perceptible. Et si les temps, les tempos de l'orchestre sont au diapason, la voix peut se lâcher, partir en circonvolutions improvisées et revenir aux assises mélodiques du quatuor qui l'accueillera toujours avec bienveillance et souplesse. La joie est une voix qui chante à l'intérieur de nous.

Pour mieux saisir encore cette notion d'instant présent, permettez-moi une histoire métaphorique. C'est l'histoire d'Hulan et Tchouang, un jeune et un vieux moine d'une confrérie qui a pour précepte, entre autres, de ne jamais toucher une femme afin de ne pas être torturé par les besoins de la chair. Tous deux marchent vers la ville voisine pour participer à une réunion importante. Ils parlent, prient, regardent les merveilleux paysages qui les entourent, et finissent par arriver devant une rivière au bord de laquelle se trouve une femme. Le visage de celle-ci s'illumine en voyant les

42

deux moines. La femme est belle, un peu âgée, magnifiquement habillée, avec un gros baluchon à ses pieds. « Je vais au mariage de ma fille, dit-elle. J'ai ce gros baluchon avec moi et je dois impérativement traverser cette rivière. Pouvez-vous m'aider ? » Les deux hommes se regardent, puis Hulan se précipite sur le baluchon tandis que Tchouang, sans coup férir, prend la femme dans ses bras et la transporte sur l'autre berge. La femme, heureuse et soulagée, les remercie.

Les deux compagnons reprennent leur route dans un silence épais. Au bout de plusieurs heures, le jeune Hulan s'adresse avec beaucoup de véhémence au vieux Tchouang : « Te rends-tu compte de ce que tu as osé faire ? Tu as touché une femme ! À ton âge ! Tu es allé à l'encontre de l'un de nos plus précieux commandements ! Toucher une femme, c'est un sacrilège ! Comment vas-tu expliquer cela à nos camarades demain ? » Tchouang reste silencieux. Quelques heures plus tard, il s'arrête et dit à Hulan : « Mon jeune ami, comme tu dois souffrir dans ton âme ! Sache que j'ai pris cette femme dans mes bras d'un côté de la rivière et que je l'ai déposée de l'autre côté. Mais toi tu la portes encore dans ton esprit ! »

Cette histoire montre à quel point le vécu de l'instant présent est fait de spontanéité et d'une capacité à agir sur l'instant, en accord avec soi-même, sans se soucier des conséquences, et, surtout, sans laisser de place à une éventuelle culpabilité *a posteriori*. Tchouang a symboliquement su saisir Kaïros par sa touffe. Il a glissé sur le moment présent. Il a vécu la sensation de l'instant et lorsqu'il a relâché son emprise sur la fugacité de l'instant c'était pour « passer à autre chose » et jouir d'un autre instant présent sans aucun lien avec le précédent.

Hulan, quant à lui, est resté « accroché à l'acte passé ». Il reste dépendant de lui et de son ressentiment. Il ne peut progresser ni accéder à une joie simple tant il est obsédé par l'acte « contre nature » de toucher une femme. Tchouang est dans la joie de continuer sa marche. Elle n'est en rien altérée par le fait d'avoir porté une femme dans ses bras. Les deux moments sont dissociés.

Chapitre

Accepter
sa dimension corporelle...

4

La joie, comme toutes les émotions, concerne directement le corps. Les sentiments sont plus directement perceptibles par l'esprit, mais le registre émotionnel est une interrogation, une expression qui passe par le corps lui-même. Vivre la joie dans toute sa plénitude, c'est donc accepter d'avoir un corps pour accueillir cette plénitude. Cela suppose un rapport à sa dimension corporelle qui soit équilibré et serein.

Faire de son corps un allié

Il est indéniable que toute organisation sociétale a du mal à édifier une vision du corps qui soit simple et sereine. Soit le corps est mis au rebut, car lieu des turpitudes sexuelles ; soit il est ultrasexualisé, saturé de représentations directement liées à l'objet de désir qu'il peut être ; soit, enfin, il est considéré comme une partie de nous qui doit accomplir à certaines performances. Nous pouvons également

© Groupe Eyrolles

l'ignorer et n'être qu'un pur esprit, le façonner, le vivre comme perpétuellement malade, etc. Dans tous les cas il n'existe que peu de recommandations nous enjoignant à faire de notre corps un allié pour l'expression joyeuse.

Cette notion du corps comme allié est pourtant primordiale pour permettre à la joie de s'exprimer et de trouver ses axes majeurs. Je soutiens ainsi l'hypothèse que la joie est une affirmation de l'incarnation, dans le sens d'une assertion du corps dans sa toute-puissance : la joie est du corps vivant qui se montre.

Pour faire de son corps un allié il est utile de comprendre que notre rapport au corps se fait dans un mouvement qui est double. Nous avons symboliquement deux corps, le « corps que l'on a » et le « corps que l'on est », que nous allons ici examiner de plus près.

Le « corps que l'on a »

Ce corps est celui que l'on montre et que nous pouvons voir dans un miroir. Il est commun à l'espèce humaine et constitue un référent de normalité : le foie est à droite, nous avons une tête, deux bras, deux jambes, etc., cela est naturel à chacun. Bien entendu la différence des sexes fait qu'il existe des particularités féminines et masculines.

Notre corps nous sert entre autres choses à nous déplacer, à nous sentir exister et à ressentir des émotions. Comme nous l'avons vu, ce « corps que l'on a » est également soumis à des considérations et à des avis personnels qui dépendent du regard que portent les autres sur lui et des injonctions sociétales tendant à nous indiquer la manière dont nous devons composer avec lui.

Les maux de corps de Sophie

Sophie est une jeune femme de 34 ans. Lorsqu'on la voit, on se dit que c'est une belle femme. Elle correspond aux critères sociétaux tant dans ses mensurations que dans sa manière de s'habiller. Séduisante, avenante et souriante, on a d'emblée envie d'aller vers elle. Bref, tout laisse supposer une femme « bien dans son corps » ! Et pourtant, Sophie vit mal son corps : « Je suis toujours en train de guetter un miroir dans les lieux publics pour me regarder, avoir conscience de l'image que je donne de moi. Mes hanches sont trop importantes, mes seins trop petits, mes mains me paraissent difformes, et le pire ce sont mes genoux, qui me semblent flasques et disharmonieux ! »

Sophie ne supporte pas la nudité et sa sexualité s'en trouve affectée. Elle ne peut vivre des relations intimes que dans le noir et a du mal à accepter que des mains d'homme parcourent son corps. « Ils pourraient s'apercevoir de mes difformités », dit-elle. Vivre avec son corps est un calvaire. Les autres ont beau lui dire qu'elle est belle, cela n'y change rien. Elle n'y croit pas et n'accorde aucun crédit à ces paroles, pourtant sincères. Elle se trouve vieille avant l'âge. Elle voudrait un enfant (« l'horloge biologique me rappelle à l'ordre ») mais a peur d'être déformée par la grossesse.

Quand on entend des personnes comme Sophie parler de leur corps, il est évident que l'on ne peut pas se les représenter vivant une joie profonde. Tout est cadenassé et l'accession à une émotion aussi libératrice que la joie est impossible. Cela ne veut pas dire que Sophie ne ressent aucune émotion, mais que celles-ci sont conditionnées par son rapport défectueux à son corps et par cette obsession du défaut. Et au lieu d'émotions positives, elle oscille entre des sensations d'angoisses et quelques satisfactions éphémères que l'on pourrait plutôt qualifier d'agréabilité superficielle.

Le « corps que l'on a » est donc un corps social. Il est celui que l'on cache mais aussi celui que l'on accepte de montrer en partie ou en totalité suivant les circonstances. Il est soumis au regard de l'autre. Il est également celui qui est touché par les mains de l'autre. Il est exposé aussi bien dans l'espace public que dans la sphère privée.

Lorsque la joie se vit dans cette seule dimension corporelle, il s'agit d'une joie participative, une joie échangée directement avec quelqu'un d'autre que soi. Soit cette joie cherche à établir un point d'appui dans la communication à distance, soit elle est le résultat d'un contact agréable. Dans tous les cas, les corps ont tendance à se rapprocher, à créer une connivence, un sentiment d'appartenance par le partage d'une émotion commune. Le « corps que l'on a » peut exulter, se « tordre de rire », jouir, se déployer, etc., toutes ses manifestations sont visibles à l'œil nu. Il donne à voir la joie qui l'habite.

Le « corps que l'on est »

Le « corps que l'on est » correspond à ce regard intériorisé que nous posons sur notre corps, à cette manière si particulière à l'être humain d'être en contact avec le dedans de lui-même. Nous pouvons ressentir les flux de notre corps, les douleurs, les tensions. Nous pouvons être alertés par lui, sentir également qu'il a une vie autonome. Ce « corps que l'on est » est différent du « corps que l'on a » en ce sens qu'il n'est en rien lié à notre schéma corporel. Il est la somme de notre vécu corporel, notre histoire sensible, tactile, cutanée.

Dès notre venue au monde, notre corps est caressé, tenu, palpé, ausculté par des mains aimantes. Si celles-ci sont accompagnées de

ACCEPTER SA DIMENSION CORPORELLE...

joie, cette émotion s'inscrira au plus profond de nos cellules d'enfant. Car être touché est important, mais tout aussi importante est l'intention qui sous-tend ce toucher !

Un corps triste

Gérard, 46 ans, n'est « pas bien dans son corps ». Pourtant, lorsqu'on le voit, on a la perception d'un homme mûr, bien mis de sa personne, élancé, et somme toute correspondant aux critères sociaux de la beauté masculine. Mais lui ressent les choses autrement ! « À ma naissance, dit-il, j'ai été mis de longues semaines en couveuse. Je suis un grand prématuré et ma survie ne pouvait être assurée qu'en m'isolant du monde et en m'éloignant de ma mère. Par la suite je n'ai pas reçu suffisamment d'attentions qui auraient pu réparer ce manque. Mes parents me sentaient fragile et craignaient de trop me "tripoter", comme ils me l'ont avoué plusieurs années après. Je sais qu'au fond de moi j'ai un énorme déficit de caresses et de câlins et que cela conditionne mon rapport à mon corps. C'est étrange mais au lieu de me pousser vers les autres, cet incident du début de ma vie a inscrit en moi une impossibilité à "aller vers", à tenir les autres dans mes bras très longtemps, à accepter d'être massé, caressé... C'est une contradiction qui m'oblige à un travail sur moi rigoureux pour dépasser tout cela et accéder à ce que je voudrais vivre : des sensations heureuses ressenties dans mon corps. »

Gérard n'a pas un « corps joyeux ». Au-delà de la première impression on perçoit assez vite une tristesse structurelle chez lui. Son corps s'avachit souvent car il n'est pas tenu par une joie intérieure. Son rapport à son vécu corporel interne est difficile et douloureux. Pourtant il continue à faire des efforts et à tenter d'aller vers un meilleur ressenti. Gérard est masseur-kinésithérapeute.

Nous vivons le « corps que l'on a » au travers du regard des autres et de ce que l'on suppose de ce regard. Nous ressentons le « corps que l'on est » à partir de l'histoire de ses sensations. Dans le premier cas, l'extérieur est primordial. Dans le second, c'est le lien intérieur et intime qui prévaut. Prenons un exemple. Le mot cœur représente l'organe dans la dimension du « corps que l'on a » et le sentiment dans le « corps que l'on est ». Nous avons ainsi deux cœurs et chacun dialogue pour dire que le sentiment a besoin d'un organe pour exister et que l'organe est aussi la représentation symbolique du sentiment !

Ces deux corps sont particulièrement liés l'un à l'autre mais les différencier permet de déterminer deux formes de joie corporelle. Comme je l'ai évoqué plus haut, la joie du « corps que l'on a » est démonstrative et participative. La joie du « corps que l'on est » est plus profonde, plus secrète. C'est elle qui amène à ce sourire intérieur si singulier qui peut nous faire ressentir comme joyeux par les autres alors qu'aucun sourire ni rire n'émaillent notre visage.

Lorsqu'on pratique la méditation on met le « corps que l'on a » en sourdine. Il est posé, immobile, il est le véhicule à partir duquel « le corps que l'on est » vibre. Et la joie si difficilement descriptible que l'on peut ressentir en état méditatif est celle d'un « corps que l'on est » qui ouvre ses canaux émotionnels et se « branche » sur l'énergie du monde avec délice et tranquillité.

Je ne cherche pas à hiérarchiser et à dire que la joie du « corps que l'on a » est inférieure à celle du « corps que l'on est » ; les deux joies sont des manifestations du corps. Elles sont simplement dans une belle complémentarité, dans une danse du plaisir à être qu'elles incarnent différemment. Elles traduisent toutes deux notre condition humaine qui se joue continuellement entre l'être et le paraître, l'intériorité et l'extériorité, le secret et l'avoué, etc.

Accueillir la joie en soi, c'est se donner la possibilité de ne plus délimiter, c'est ouvrir les frontières de son être dans ses aspects les plus opposés afin de ressentir la totalité de ce qu'il nous est possible d'atteindre.

La joie, affirmation de l'incarnation

Notre société occidentale a souvent eu du mal avec l'acceptation totale de notre dimension corporelle. Nous sommes plutôt une civilisation de l'esprit et de la pensée. Mais, depuis les années 1960, semble émerger une plus grande conscience du corps et de son importance, tant dans le domaine de la santé que dans celui du développement personnel. Le corps devient un élément constitutif de notre représentation sociale et personnelle, il doit être compris, choyé, respecté, embelli. Il est devenu pour toutes les couches sociales une source à la fois d'attentions et de craintes. Il doit répondre à nos attentes !

Bien entendu le corps avait aussi une place essentielle dans les siècles précédents, mais il ne revêtait en rien cette obsessionalité qui va de l'entretien assidu à la survalorisation pathologique. Et l'idée maîtresse était que les sensations étaient liées à ce que l'esprit commandait au corps de ressentir. Le chemin s'est inversé : le corps peut obliger l'esprit à recevoir les sensations qui sont les siennes !

L'espace du corps

Avoir un corps, c'est affirmer son incarnation, accepter d'être dans la chair (*in carne*). Cela implique de saisir combien l'espace dans lequel nous évoluons est déterminant. C'est l'espace où se meut notre corps, mais aussi celui des autres : celui où les corps sont amenés à se rencontrer, à se séduire, à vivre ensemble. C'est ainsi un espace à la fois social (les transports en commun, le milieu professionnel, les espaces publics) et privé (la famille, le couple).

Cet espace, ou plutôt ces espaces sont des lieux où s'échangent des émotions, soit de manière furtive, soit plus précise. Dans tous les cas, ces espaces ne sont neutres que de manière superficielle. Ils sont en réalité chargés d'affects et d'échanges, et tout le registre des émotions peut s'y exprimer et s'y ressentir. La notion des deux corps dont j'ai parlé plus haut s'en trouve activée. Nous pouvons avoir l'impression que c'est le schéma corporel, le « corps que l'on a » qui est actif, alors qu'en vérité toutes les émotions liées au « corps que l'on est » sont bien présentes sous forme de ressentis et conditionnent la manière dont nous occupons ces espaces les uns par rapport aux autres.

Nous dévoilons donc des sentiments au travers de notre corps, sentiments qui se partagent et se communiquent. Le plus souvent, les espaces publics sont emplis de personnes qui cherchent à afficher une neutralité de comportement ; dès qu'une émotion se montre trop, elle est considérée comme suspecte. Repensez par exemple au métro parisien : chaque personne fait l'effort de rester dans son monde, sans contact avec l'extérieur, et dès qu'entrent dans le wagon des individus porteurs d'une émotion forte et de comportements corporels excessifs, la réprobation se fait sentir, comme si la bonne attitude devait être l'indifférence et le silence. En fait, ce que l'on s'efforce de qualifier de position d'indifférence n'est ni plus ni moins qu'une posture de méfiance. Nous continuons à avoir des difficultés à accepter l'expression des émotions dans des espaces publics.

La joie peut se vivre de manière contradictoire. Soit elle est rejetée comme émotion trop forte à vivre collectivement ; soit il peut arriver qu'une personne puisse laisser éclater sa joie dans un espace commun et la communiquer aux autres. Car il est étonnant de constater à quel point la joie est une émotion agréablement contagieuse qui, lorsqu'elle est acceptée, détend tout un groupe, fluidifie les relations, permet l'échange de regards et de sourires.

Vivre un corps heureux

À l'évidence, ce partage de joie (même contenue) est bénéfique pour les liens qui unissent les êtres humains. Il permet la fête et l'échange. Il solidarise. Et il est l'occasion d'être plus à l'aise avec son corps et le corps des autres. On se rapproche, on se touche, on communique corporellement. Bien entendu il ne s'agit pas ici de revendiquer un monde où chacun serait continuellement accolé corporellement à l'autre mais de signaler combien l'expression de la joie est le meilleur vecteur pour nous rencontrer et admettre la présence d'un autre à nos côtés. La joie est du corps heureux qui se montre à l'autre.

Mais comment vivre ce « corps heureux » ? Pour répondre à cette question essentielle, je vous propose de prendre appui sur une vision de l'homme adaptée d'un concept développé par Platon dans *Phèdre* et connu sous le nom de « l'attelage ailé ».

53

L'ATTELAGE ET LE MAÎTRE INTÉRIEUR DE PLATON

Considérons que l'homme est un attelage. Nous pouvons dire que les chevaux sont la représentation des instincts, du physique, que le cocher est l'affectivité, les émotions, le carrosse le mental, la raison, etc. Mais à quoi tout cela sert-il ? Et quel est le sens de la direction que prend cet attelage particulier ?

En fait, l'attelage, s'il était seulement composé par ces éléments, serait un simple attirail formé de plusieurs morceaux sans liens les uns avec les autres. Un attelage est fait pour emmener quelqu'un vers sa destination, et ce « quelqu'un » est l'esprit qui se trouve dans le carrosse. Platon lui donne même le nom de « maître intérieur ».

Si l'on voit tout cela au regard de la joie, on peut décliner le fait que si la joie n'est que réactive, grossière, instinctive, chaque élément de l'attelage composera pour sa propre personne. Les chevaux refuseront d'avancer, le cocher sera ivre et le carrosse perdra ses roues rapidement. L'homme sera chaotique.

Le « corps heureux » dont je parlais plus avant ne peut exister que si tous les éléments de l'attelage sont coordonnés vers un seul but : amener l'esprit (ou le maître intérieur) à bon port.

Qu'est-ce que l'esprit ou le maître intérieur ? C'est la partie de nous qui est la plus noble et en même temps la plus secrète. C'est l'endroit où chacun, à l'intérieur de lui-même, construit ses valeurs, affûte son regard sur le monde, édifie une sagesse propre, se propose à lui-même une façon d'être au monde qui lui offre l'équilibre et la santé psychique. C'est le creuset dans lequel nous réunissons tous les événements importants de notre vie, heureux comme douloureux, pour nous définir dans notre historicité singulière. C'est le lieu intime où nous pouvons nous parler à nous-mêmes.

.../...

...∕...

C'est vers ce maître intérieur que nous descendons lorsque nous effectuons un travail sur nous-mêmes. C'est lui que nous explorons et que nous cherchons à apaiser afin de pouvoir dialoguer avec lui dans une certaine sérénité. Ce lieu de l'être peut s'éclairer, se mettre en mouvement et accueillir la joie profonde qui donne sens à toute existence. La joie est de l'esprit qui se montre au travers du corps. Concrètement, cela laisse entendre qu'incarner la joie, la laisser être présente dans le corps, c'est apprendre à harmoniser ses pulsions, son affectivité, son mental et son esprit.

À la vue de cette métaphore platonicienne, on peut s'apercevoir que le concept de la joie n'est pas une simple expression d'un bien-être mais, mieux encore, qu'elle est la manifestation d'un état interne d'équilibre et de compréhension de soi-même.

La plupart de nos contemporains sont, hélas ! habitués à des sentiments de tristesse ou d'anxiété. Ils vivent la joie comme une compensation, un moment qui permet de surmonter les aléas de la vie. Considérer que la joie est l'expression du maître intérieur modifie quelque peu cette croyance, car cela laisse entendre que la joie est un moteur de vie, qu'il nous faut la travailler, l'entretenir comme on entretiendrait un jardin intérieur, avec soin et délicatesse.

On pourrait même aller jusqu'à dire que le maître intérieur de Platon est la joie elle-même dans son essence la plus pure et la plus subtile, et que notre corps, notre attelage, est là pour nous permettre d'amener notre joie intérieure vers la meilleure destination possible : une vie pleine et entière consacrée à célébrer le plaisir d'être au monde.

55

Nous sommes partis du métro parisien, des corps réunis dans un même wagon, pour arriver à l'attelage métaphorique de Platon. Tout cela montre à quel point la notion de joie couvre tous les registres de l'activité humaine, de la plus prosaïque à la plus philosophique. C'est une émotion (ressentie ou non, vécue ou non) qui nous accompagne dans nos moindres gestes. Elle ne peut être ignorée. Elle est concomitante à la manière dont nous concevons la vie, dont nous nous comportons, dont nous vivons.

... Pour aller vers l'autre dans l'énergie de la joie

Admettons que l'idée que la joie soit inscrite dans le corps et qu'elle représente notre maître intérieur soit acceptée par tous. Admettons que notre corps porte en son sein, en ses cellules, la possibilité de la joie comme une émergence. Lorsque notre corps rencontre le corps de l'autre, ce sont donc deux joies potentielles qui se répondent. Et ces joies se mettent à l'unisson pour ouvrir l'espace de retrouvailles possibles. Car je pose ici le postulat que rencontrer l'autre c'est le retrouver. Notre besoin de partage, de dialogue avec ce qui n'est pas nous, est inhérent à notre condition humaine. Nous ne pouvons pas ne pas communiquer ! Et dès l'enfance, dans le lien à la mère, ce besoin est activé. Il est enregistré comme une condition de notre bien-être, de notre épanouissement affectif. Ainsi l'autre retrouve dans la joie réactivée ce que suppose l'attache maternelle : un amour sans condition. La joie partagée est du même registre. Elle n'attend pas de retour ou de preuve. Elle ne demande que l'échange, et celui-ci se fait dans le corps.

Observons deux personnes qui rient ensemble. Il est étonnant de voir comment un mimétisme naturel se met en place. Chaque corps est le miroir de l'autre, le rapprochement se fait d'emblée. On se touche, on s'épaule dans les convulsions joyeuses du rire. On est en phase, en empathie naturelle.

Jean-Hugues et le toucher amical

« Je ne suis pas quelqu'un de tactile dans la vie de tous les jours. En revanche, lorsque je vois mes amis, je n'hésite pas à les toucher et à me laisser toucher par eux lorsque nous rions. Ce sont des moments précieux qui me permettent de sortir de mon registre habituel de rencontre avec l'autre. J'ai eu une éducation très stricte et je n'ai jamais vu mes parents s'embrasser ou se tenir par la main. De fait je suis peu enclin à le faire, même avec ma compagne. Mais dès que le rire est là, dès que je partage des moments de joie avec les autres, tout devient facile, et j'ai comme l'impression d'avoir un "autre corps" ! Je suis plus réceptif, plus ouvert. Et je dois reconnaître que c'est extrêmement agréable !

« Je pense que l'on devrait nous apprendre dès le plus jeune âge à mieux communiquer avec notre corps. Le sport ne suffit pas pour cela. Il faudrait pouvoir mieux se toucher, mieux se rapprocher les uns des autres. Personnellement je me sens comme un handicapé de la communication, et heureusement que les moments de gaieté sont là pour me permettre de vivre mon corps autrement ! »

Le témoignage de Jean-Hughes est édifiant. Combien de fois me suis-je retrouvé dans mon cabinet de thérapeute à écouter des patientes et des patients me parler de cette difficulté à vivre leur corps de manière simple, généreuse et en contact avec le corps des autres. Soit ils le vivaient comme une fatalité, se disant que c'était comme cela et qu'il fallait faire avec, soit (et c'est le plus grand nombre !) j'étais face à des personnes qui, comme Jean-Hughes, se sentaient « handicapées ».

En fait, les personnes qui vivent mal leur corps sont dans l'incapacité d'accepter ce corps « que l'on est ». Ils en ont peur, pour des raisons souvent liées à leur éducation (comme Jean-Hughes) ou à des événements mal vécus au cours de leur histoire personnelle. Le vécu corporel joyeux permet d'accéder à des sensations neuves et régénératrices. Il y a comme un apaisement qui se fait jour, une tranquillité nouvelle qui met le corps et ses ressentis dans une autre perspective existentielle. Ce n'est pas rien, c'est une notion très thérapeutique. La joie exprimée, vécue et partagée devient comme un baume posé sur les blessures de l'âme et les difficultés de vécus corporels.

La symbolique de l'attelage nous amène à considérer le lien entre le corps et l'esprit comme un tout où chaque partie ne peut vivre et évoluer qu'en lien étroit avec les autres éléments de l'attelage. Nous sommes un tout solidaire, nous dit Platon en filigrane de sa parabole. Et ce que la joie permet, c'est un vécu tangible et actif de ce tout ! La joie réunit dans le corps nos composantes et nous permet de cesser de les vivre comme indépendantes les unes des autres. La joie est une réunification.

Nous parlons ici de la rencontre avec l'autre. D'une rencontre avec le corps de l'autre dans un même espace où le partage principal serait de l'ordre de la joie. Cette rencontre donne la possibilité de bénéficier de tout ce que l'être peut apporter comme moyen de mieux se comprendre, de mieux s'entendre, de mieux communiquer dans une atmosphère où la tension et le conflit seraient abolis. Mais pour que cette assertion ne reste pas un vœu pieu, il est bon de comprendre également la dimension énergétique de la joie et de comment elle prend sa place dans le corps et peut ainsi se communiquer d'un individu à l'autre.

Où se situe la joie dans le corps ?

Le corps humain est fait de matière, mais aussi d'énergie. Cette énergie est répartie dans tout le corps mais également dans des lieux spécifiques. Au regard de notre sujet, la joie, il est intéressant de voir où cette énergie se condense, se bloque et se délivre pour accéder pleinement à ce « corps heureux » auquel je faisais allusion et à la joie du maître intérieur selon la proposition platonicienne.

On peut parler ici du corps comme expérience phénoménologique de la joie. Le corps possède la capacité de nous ramener au réel de la situation. Il ne ment pas. Ce qui s'exprime au travers de lui est tangible, reconnaissable, direct.

Je me suis amusé à mener l'enquête et j'ai interrogé des femmes et des hommes sur leur rapport corporel à la joie. À la question « Où se place la joie dans le corps ? », il en est ressorti cinq principaux lieux : les bras, le cœur, le ventre, les yeux et le sexe.

Les bras, ou l'ouverture

À bras ouverts, Élisa et Neal

« Être joyeux, c'est ouvrir les bras aux autres. C'est apprendre à être dans l'accueil. C'est pouvoir retrouver le véritable sens du mot embrasser : prendre dans ses bras. Lorsque je serre quelqu'un contre moi, je sens sa chaleur, sa

force, et je lui donne la mienne. C'est pour cela que mes bras sont ma joie. »
Élisa.

« Mes bras sont comme un pont-levis. Quand je les ouvre, c'est pour indiquer
aux autres que le château de mon cœur est ouvert ; ils peuvent entrer et je
n'ai pas peur. Nous pouvons rire de joie ensemble. » Neal.

Les bras sont les axes de l'ouverture au monde. Ils servent à accueillir
et à serrer contre soi celles et ceux que l'on chérit. Lorsqu'ils sont
ouverts, ils représentent l'acceptation de notre vulnérabilité puisqu'à
l'inverse, pour se défendre, on les ramène contre soi, les poings
fermés et menaçants. Comme le fait remarquer Élisa dans son
témoignage, embrasser veut dire prendre dans ses bras. Et vouloir
embrasser l'autre, c'est lui proposer de trouver refuge contre sa poitrine. La joie des bras correspond à la fois à cette notion d'accueil
mais également à une notion d'offrande. En ouvrant les bras, on se
donne à l'autre, les mains sont ouvertes, on n'est plus le bouclier qui
protège mais un voile qui se déchire et l'on se donne à voir.

Vulnérable, disais-je ; certes, mais aussi offert sereinement. Lorsque
la joie est installée dans cette partie du corps, c'est qu'elle n'est plus
vacillante. Elle est respiration ample, profusion et courage d'accepter l'autre, de le tenir sur son sein. Les bras sont comme le prolon-
gement du corps. Ils nous donnent de l'amplitude, de la grâce. Ils
disent notre capacité à englober l'air qui nous entoure, à l'habiter
de notre pulsation. Ils participent à la possibilité d'une danse de
joie, comme le derviche tourneur qui, une paume ouverte vers la
terre et une vers le ciel, célèbre la grandeur de la terre tournant sur
elle-même dans le cosmos.

61

Lorsque les bras se meuvent pour traduire notre joie intérieure, ils s'assouplissent, et nos os mêmes deviennent plus légers. La crispation meurt d'elle-même en nous.

« Prendre dans ses bras », « embrasser », être « à bras ouverts », « tendre les bras », etc., toutes ces expressions sont la traduction d'une joie qui se veut offrande et partage. La joie des bras est une tentative enthousiaste de participation.

Au travers des bras devenant critères de joie se dit notre capacité à pouvoir lâcher prise sur le contrôle. Nous devenons aptes à rencontrer et à saisir ce qui n'est pas nous et peut nous enrichir. On le voit dans la danse : qu'elle soit solitaire ou à deux, on observe combien les bras s'activent à rechercher le contact, et dans leur souplesse même se dit la souplesse intérieure de celle ou celui qui accepte que la joie dépose en lui sa douce énergie.

Les mains

> « Pour porter sa main au corps de l'autre, le toucher,
> il ne faut point craindre ni de le désirer, ni de l'aimer. »
> Joël Clerget, *La Main de l'Autre.*

Au bout des bras les mains s'accordent dans le désir d'une préhension de l'environnement. Les mains sont la mise en acte de l'ouverture des bras. Lorsque l'autre est touché dans la joie par les mains, c'est le signe de son acceptation à briser la frontière symbolique qui le sépare du monde extérieur. Il donne l'autorisation pour un contact qui est de l'ordre de la palpation, de la caresse, de la consolation… Celui qui est touché par la main de l'autre a baissé la garde, il est en accord avec une participation sensuelle et partagée avec l'énergie de l'autre.

Cela est particulièrement sensible dans le massage. La peau est ce qui nous sépare du monde. Elle est notre protection, notre enveloppe, elle délimite nos frontières sensorielles qui nous protègent de l'extérieur et nous mettent en contact avec lui. Dans un échange plaisant et sensible, lorsque le contact d'une main sur une peau a lieu, c'est que « quelque chose » à l'intérieur de celle ou de celui qui est touché(e) a dit « Entre ! ». C'est une ouverture sur la communication sensuelle. C'est également une ouverture sur la possibilité d'une joie vécue ensemble dans le même moment, celui de la caresse… C'est un maintenant ; car il y a une *main-tenant*.

Et cela permet d'abolir l'espace qui sépare deux êtres, d'aller l'un vers l'autre dans la confiance, certes, mais également dans le désir de communiquer, de rassembler dans le même moment la communication tactile et la joie de l'abolition des frontières corporelles. Ce n'est pas essentiellement du contact, c'est aussi une forme de mutualité sensible. Car la main qui caresse ou qui masse est caressée et massée par la peau de l'autre. Cette joie qui part et arrive aux mains est la conséquence d'une volonté d'embrassade, la préfiguration de la joie du cœur.

Le cœur, ou la possibilité de l'amour

Hervé, en plein cœur

« Sentir son cœur battre quand on est plein d'émotions est une joie sans pareil. On se sent vivant. On n'est plus seul au monde. Moi j'aime ces moments où je chavire dans l'émotion, quand j'aime ou même quand j'ai peur. Mon cœur me rappelle à l'ordre. Il me dit combien je suis un être vivant, profondément humain. J'ai vécu beaucoup d'épreuves dans ma vie.

La plus terrible a été celle de la mort soudaine de ma mère. Je n'étais pas préparé à cela. Je me suis accroché pour survivre à mon cœur, à mes sentiments fracassés. J'ai fait un travail sur moi et j'ai appris à vivre auprès de mon cœur, à le considérer comme la partie la plus importante de mon corps. Il est vrai que ma mère est morte d'une crise cardiaque. Son cœur n'a pas tenu. Moi j'essaye de faire en sorte que le mien tienne, qu'il soit solide et qu'il me permette de vivre encore et encore les belles sensations de la vie. »

Associer le cœur à l'amour est une évidence pour beaucoup d'entre nous. La manière dont il bat, dont il s'affole parfois ou dont il vibre donne des indications précieuses sur notre état interne. Le cœur est au centre de la poitrine, protégé par les bras, et c'est lui qui est mis en offrande quand les bras s'ouvrent enfin. Le cœur c'est le centre. Ne dit-on pas « au cœur des choses » ? Aussi est-il logique que le cœur participe à l'émotion de joie. Il est sans doute le siège même du maître intérieur de Platon.

Les battements du cœur, qui démontrent la vie en nous, sont les battements même de l'amour. Aimer, c'est être dans son cœur, c'est affirmer une relation forte avec son centre. Bien sûr le cœur, comme le dit Hervé dans son témoignage, est atteint par nos souffrances, nos chagrins. Il vit cela, il est en peine, et seul le retour de la joie peut le réparer. La joie est ainsi l'expression du cœur vivant et sa plus précieuse infirmière.

Le cœur, c'est également le lieu du rythme. Il donne le tempo à nos émotions et la joie peut accélérer ses pulsations, gonflant le cœur d'une énergie puissante. Le rythme cardiaque, rythme de vie, musique interne, s'accorde à la lumière de ce que nous vivons.

Alors le cœur bat la campagne de nos émotions et donne du sens à notre vie. D'ailleurs, lorsque l'on dit de quelqu'un qu'il « a du cœur », c'est pour témoigner de sa générosité, de son empathie et de sa compréhension de l'autre. Et comment quelqu'un qui « a du cœur » pourrait-il être habité par la tristesse et la déréliction ? Non, il est empreint d'une joie particulièrement profonde, comme vissée au cœur. Une joie qui se renouvelle sans cesse et se donne à ressentir.

Lorsque Hervé parle du décès de sa mère et de ce lien au cœur si singulier qu'il a eu avec elle et la raison de sa mort, il nous dit qu'il a su retrouver sa joie de vivre à partir de son cœur à lui, grâce à lui. En prenant appui sur son témoignage, on peut dire qu'il existe une sagesse du cœur, un apprentissage à être en lien avec son cœur, une sérénité possible. Et ce qui alimente le cœur et le pousse vers cette forme de sagesse quotidienne, c'est la joie, n'en doutons pas !

Je disais que le lien entre le cœur et l'amour est une évidence. Pourquoi ? Parce que nous associons symboliquement notre vie à la nécessité de l'amour. Et le cœur, qui représente la vie qui continue, est le siège du sentiment amoureux. Aimer et être aimé, c'est être en vie. Et à moins d'être un partisan d'un ressenti morbide de l'amour, c'est à la joie d'aimer que nous invite le cœur. Cela donne une dimension supplémentaire à la joie et à son accueil en nous. La joie, lorsqu'elle s'inscrit dans le cœur ou lorsqu'elle part de lui, nous aide à aimer. C'est un carburant puissant pour ouvrir ses espaces intérieurs à une manière d'être au monde qui se montre dans la lumière éclatante.

Le ventre, ou la forge joyeuse

Les éclats de joie d'Océane

« Combien de fois me suis-je retrouvée à me tenir le ventre lors de mes éclats de rire ? Cette position, recroquevillée sur moi-même, en demandant presque que cela s'arrête, est la représentation d'un état de gaieté et de joie presque insupportable. Mais j'en redemande ! C'est trop bon ! Trop puissant ! J'ai la sensation que mon ventre va éclater, comme si j'avais mangé trop de bonnes choses ! Et je me sens également comme un petit enfant qui ne sait plus s'arrêter de rire ! D'ailleurs l'envie d'uriner arrive très vite et je dis : "Arrêtez ! Je vais faire pipi dans ma culotte !" Bon, heureusement, je sais contrôler mes sphincters !

« Mes amis me perçoivent comme une personne plutôt enjouée. Je peux chanter, danser, virevolter à tous moments. Mon corps sait exprimer mes émotions sans retenue. Mais la joie, elle, elle est dans mon ventre. Elle trouve sa place dans mes boyaux. Et je me tords en deux pour la retenir sinon elle éclabousserait tout le monde avec trop de force. Et c'est comme si je voulais la garder en moi pour en profiter, m'en délecter. Encore et encore. »

Le ventre est une forge. C'est le lieu du corps où se travaillent les émotions. Comme le dieu Vulcain qui fabriquait les traits de foudre pour son père Jupiter, le ventre condense nos énergies les plus puissantes. Et la joie qui y prend racine est souvent faite de violence et d'éclats. La joie du ventre est donc éclatante. Elle est aussi très primitive, archaïque. Lorsque Océane fait allusion à l'enfance et aux envies d'uriner, c'est-à-dire au non-contrôle de sa force joyeuse, c'est de cela dont elle parle : d'un retour aux joies de l'enfance qui, parfois, sont trop fortes à ressentir et à vivre.

© Groupe Eyrolles

Pour dépasser ces émotions excessives, il faut les comprendre et les travailler. Le travail de la forge est en lien avec le feu, le fer, avec les armes et avec la terre, car la joie du ventre est forte et tonitruante dans son expression. Elle se montre par une attitude corporelle directe. Elle est communicative et se partage.

Le ventre est à la fois le lieu de départ d'une joie profonde et son espace d'expression finale. En effet, lorsque la joie s'installe dans le ventre, nous la sentons qui prend naissance dans le nombril et irradie sa chaleur dans les intestins et l'estomac. Elle s'exprime alors par sa force et c'est ce qui donne ces expressions corporelles dont parle Océane et qui font que nous nous tordons dans un mouvement qui traduit à la fois la jubilation mais aussi la douleur d'un trop-plein que l'on cherche à retenir.

On pourrait penser que la joie du ventre n'est qu'extériorisation. Cela n'est pas tout à fait juste. C'est une joie qui peut s'intérioriser. On ressent alors comme une brûlure intérieure. Une exquise douleur de joie qui porte les entrailles et tonifie tout le corps, comme lorsque nous sommes obligés de retenir un fou rire.

Les yeux, ou l'expérience de la vision joyeuse

Dans les yeux d'Antoine

« J'ai eu la chance de contempler les plus beaux paysages du monde. Que ce soit aux États-Unis, en Inde ou en Océanie, je suis parti à la recherche de lieux me permettant d'être en contact avec ce que j'appelle la beauté du monde. Je suis professeur de français et pendant longtemps je me suis ressourcé aux œuvres littéraires. Elles m'apportaient le surplus de bonheur dont j'avais besoin pour tenter de comprendre le monde. Flaubert, Dostoïevski,

Mallarmé, Cervantès étaient mes éclaireurs. Et puis, la retraite venue, j'ai commencé à voyager et à illuminer mes yeux des merveilles que nous offre la terre. C'est là que j'ai découvert des joies et des plaisirs que je ne soupçonnais pas ! Contempler est un apprentissage que j'ai fait petit à petit, au fur et à mesure de mes découvertes et de mes voyages. Il faut savoir prendre son temps, ne pas précipiter les choses, ne pas se dire "C'est beau" et prendre une photo dans l'instant ! Non, il faut se laisser envahir par la beauté. C'est elle qui vient à vous, doucement... Et alors ce sont des joies sans nom que l'on ressent. C'est comme une bénédiction, une grâce ! »

Le témoignage d'Antoine donne toute la profondeur de cette joie des yeux, contemplative et silencieuse. Ce qui me semble important de souligner, c'est la dimension expérientielle de cette joie singulière qui passe par le regard. Antoine dit qu'il a appris à se laisser faire par la beauté qu'il a pu voir, à ne pas chercher immédiatement à la canaliser en prenant des photos, à la garder en lui. Il a parfaitement raison, car pour être dans cette joie du regard, il s'agit d'ouvrir les yeux physiques mais, plus encore, d'ouvrir le regard intérieur. Un regard qui enregistre en soi l'expérience du contact avec la beauté, la grandeur, la grâce…

Personnellement il m'est arrivé, face à une œuvre d'art, d'en perdre le souffle. Les mots s'éteignent alors, seul le silence donne du sens et de l'épaisseur. Et c'est par le regard que la fascination vient imposer sa loi.

Le rapport à une œuvre picturale est l'un des meilleurs exemples pour traduire ce que j'entends de la joie scopique. Il y a dans ce contact comme le signe d'une rencontre avec le peintre, avec son énergie. Et même si le projet du peintre n'était pas effectivement de traduire la joie avec des couleurs, on peut néanmoins ressentir cette émotion parce qu'elle nous transporte et nous donne des pistes inattendues pour comprendre une situation ou un sentiment.

Les œuvres de Yahne le Toumelin ou Zao Wou-Ki s'inscrivent dans ce qu'il est coutume d'appeler l'« abstraction lyrique ». Elles ne cherchent en rien le figuratif. Ce sont des couleurs posées sur la toile, des mouvements. Ces deux peintres tentent l'un et l'autre de « fixer des vertiges », comme le disait Arthur Rimbaud. Notre œil de spectateur peut saisir, au travers des formes et des couleurs, l'intention émotionnelle du peintre. Mais il peut aussi construire, à partir de l'œuvre, son propre scénario émotionnel. Ce scénario se joue dès que l'on est en contact avec une œuvre d'art. Je prends appui ici sur la peinture, mais il peut en être de même pour la sculpture ou pour tout spectacle vivant.

Nous saisissons ce qui nous paraît le plus à même de nous émouvoir et nous construisons la beauté ainsi. Comme on le dit souvent : « La beauté est dans le regard de celui qui contemple » ! La joie participe du même processus. Elle est saisie par le regard et c'est ensuite tout le corps qui s'en trouve ému. Le lien entre l'observateur et ce qui est observé est empreint de l'énergie de cette joie, interprétée par l'œil et le cerveau, et des larmes de joie peuvent accompagner ces moments particuliers.

Le regard, porteur universel de joie

Il y a plusieurs années, j'intervenais au sein de grandes entreprises dans le cadre de formations en gestion du stress. Régulièrement la question du rapport à la joie venait à se poser. « Peut-on être heureux au travail ? », « Le travail est-il un lieu joyeux ? », etc., ces questions animaient beaucoup les participants, et lorsque nous travaillions sur l'émergence de la joie ou la possibilité de celle-ci dans le lieu même des entreprises, c'est à la joie du regard que nous revenions sans cesse. Les bras, le cœur, le ventre ne peuvent être des lieux du corps activés dans le milieu professionnel. En revanche, ce qui touche à l'agréabilité du regard, oui. Beaucoup des exercices proposés engageaient l'expérience d'une autre manière de se regarder au travail. Dès que la juste mesure entre une indifférence presque agressive et une séduction trop appuyée était trouvée, les sourires affluaient d'emblée.

Ces moments m'ont permis de comprendre à quel point le regard, dans le partage humain, peut être le berceau de l'expression d'une joie simple à vivre les uns avec les autres, que ce soit dans le cadre du travail ou de la vie privée.

Dans ces journées de formation, certaines personnes livrent un peu d'elles-mêmes lorsqu'elles se sentent en confiance. Un jeune homme de 28 ans, nouvellement père pour la première fois, nous dit un jour comment la joie était pour lui liée au fait de regarder son enfant dormir paisiblement. Et chacun de lui emboîter le pas et de raconter l'importance du regard, de l'observation, de la contemplation dans le bonheur direct d'être au monde. « Et pourquoi ne pas retrouver cela entre nous ? » dit l'une des participantes. Tout le monde s'esclaffa, tant elle soulevait une évidence à laquelle personne n'avait osé penser.

Je ne sais pas si les regards ont changé de nature au sein de cette entreprise après ces journées de formation. Toujours est-il que chacun avait pu partager et comprendre la dimension antistress d'un regard bienveillant et également la fonction réparatrice d'une joie partagée, qui n'empêche en rien les conflits, naturels et nécessaires au sein du monde du travail, mais donne une plus grande légèreté aux relations humaines.

L'émotion de joie est néanmoins parfois vécue de manière suspecte. Certains pensent qu'elle fait entrer, lorsqu'elle est trop prégnante, dans un monde lénifiant et surfait où l'on perdrait de son libre arbitre et de sa capacité à pouvoir exercer son sens critique. Et cela notamment au travail. Mais qui peut penser qu'une attitude fermée voire dépressive est une meilleure solution ? La joie est rassembleuse et constructive. Et lorsqu'elle est portée par le regard comme un drapeau, elle réunifie celles et ceux qui se sentent en connivence.

Le sexe et le bassin, ou la joie primitive et sauvage

La joie sexuelle

« Je n'y peux rien mais c'est l'idée d'une relation sexuelle qui me procure le plus de joie au monde. Dès que j'entrevois la possibilité d'une rencontre charnelle, je suis en extase. Ne vous méprenez pas ! Je ne suis pas une obsédée sexuelle qui ne pense qu'à ça et qui saute sur le premier venu ! J'ai un compagnon, je suis très fidèle. Mais la vie pour moi est une source continuelle de joies et de plaisirs et c'est mon sexe qui m'en apporte le plus de manière directe et précise. J'ai 37 ans et je n'ai pas toujours accepté cette partie de mon corps. J'ai longtemps pensé que c'était inconvenant de se masturber par exemple. J'ai eu une mère très castratrice comme on dit. Elle ne m'a transmis aucune vision positive de mon sexe et de la sexualité. Elle était très dépressive et pour elle toute forme de joie était suspecte. Elle m'a laissé cet héritage et il m'a fallu plusieurs années pour prendre des distances

71

avec ce que je considérais (puisque venant d'elle !) comme une vérité, un dogme absolu ! J'ai côtoyé beaucoup de psys qui m'ont aidé à trouver des réponses. Et puis ma rencontre avec Pierre a été déterminante et m'a permis d'accepter d'avoir un bassin, un sexe, et de vouloir m'en servir ! »

Lorsque je propose ici de visiter le sexe comme lieu de joie du corps, il ne faut pas entendre essentiellement un lien aux organes sexuels mais plus une réflexion portée sur toute la zone du bassin et du petit bassin. Les personnes interrogées (Audrey en fait partie) sur leur lien à la joie et qui ont cité le sexe pensaient à la sexualité de manière directe. Je développerai un peu plus loin dans cet ouvrage la possibilité d'une dimension joyeuse et sacrée de la sexualité. Je voudrais ici m'attarder quelques instants sur le bassin et sur sa représentation symbolique corporelle.

Il est bon tout d'abord de rappeler à quel point le bassin est une zone du corps avec laquelle nous ne sommes pas très à l'aise. Pendant de nombreux siècles nous avons abordé l'être humain essentiellement en fonction de sa capacité à penser, la pensée devenant la marque même de notre identité (qu'on se souvienne de « Je pense donc je suis » de René Descartes). Ce qui a amené l'homme occidental à valoriser toutes les parties hautes de son corps et notamment la tête, siège des réflexions. Et de fait la joie du corps est devenue suspecte, ou ne se comprenait qu'en lien avec des dimensions hautement spirituelles, seul le lien à Dieu pouvant être source de joie profonde et admissible. Et même si des philosophes comme Spinoza ou Nietzsche ont replacé la joie dans le corps, force est de constater qu'il a fallu attendre les années 1960 pour que nous acceptions d'avoir une conscience corporelle et de lui redonner une place centrale dans nos comportements et notre vision de l'être humain.

Que raconte notre bassin ? Le bassin, qui participe activement à la marche, est symboliquement en lien avec tout ce qui nous fait avancer dans la vie. Il est le siège de notre élan vital et de notre capacité à avancer et à évoluer dans nos relations aux autres. Être en joie dans son bassin n'est pas la seule recherche du plaisir sexuel, aussi important soit-il. C'est également le lieu primitif et sauvage de notre adhésion sensuelle au monde.

Un bassin joyeux est un bassin ouvert, tonique, qui ose se mettre en avant et communiquer. Lorsque deux personnes partagent un moment joyeux et que le bassin est gorgé de cette énergie, c'est le lien sensuel qui prédomine et le désir trouve sa place dans le dialogue non verbal. Ce qui transite de l'un à l'autre est de l'ordre d'une communion singulière. Bien sûr la dimension sexuelle peut s'y inscrire, mais il n'est pas obligatoire de concrétiser cette joie par un passage à l'acte. Bien au contraire, prendre conscience de cette énergie, la partager et l'expérimenter donne la possibilité de faire circuler la joie du bassin et du sexe vers le ventre et le cœur.

Une psychocorporalité de la joie

Je suppose que, pour un grand nombre de personnes, associer la joie avec des lieux du corps peut sembler saugrenu. Cela montre à quel point nous avons fait de cette émotion un ressenti qui doit rester au rebut. Si l'on propose la même chose avec la tristesse, sans aucun doute que beaucoup trouveront logique le rapport au corps. D'ailleurs pour un comédien débutant représenter corporellement la tristesse est souvent plus spontané que de représenter la joie. C'est bien qu'il nous faut beaucoup travailler sur l'acceptation de notre corps et admettre sa participation à l'aventure joyeuse, qui n'est pas un concept mais peut devenir une réalité tout à fait corporelle. J'affirme même que trouver la joie et la laisser éclore en soi, c'est affirmer son corps et le laisser éclore. Si nous reprenons les lieux du corps abordés précédemment, il en résulte une lecture corporelle de la joie et une logique qui peut nous aider à mieux accueillir la joie en nous lorsqu'elle se présente.

En partant du bas du corps, nous contactons la joie du sexe et du bassin, une joie, comme nous l'avons décrit juste avant, féconde et primitive. Si elle reste dans cette partie du corps, elle demeure pulsionnelle et essentiellement reliée à la sexualité. Cela peut être un choix du moment, agréable et porteur de sensations. Mais dès que cette joie, s'appuyant sur le bassin, remonte vers le ventre, c'est tout le bas du corps qui est irradié. Le ventre synthétise ainsi la joie du bassin et du sexe. Il donne à cette émotion une force forgée dans le chaudron des organes, et diffuse une chaleur sourde qui, remontant au cœur, transforme la joie en expression d'amour. Les bras alors peuvent s'ouvrir dans la gratitude et offrir à l'autre un espace sans arrière-pensées, tout entier dédié à la rencontre et au don.

Et amener le regard à voir le monde autrement. L'être est décillé, il ne met plus de barrières entre ce qu'il observe et l'objet observé. C'est une participation complète au monde. Et ce n'est qu'à cette condition que l'on entre dans l'inattendu, la surprise et le changement véritable. Il s'agit d'un parcours d'acceptation. L'acceptation du corps comme temple de la joie. L'acceptation également d'un dialogue personnel et intime avec ses espaces corporels. En fait (et c'est peut-être là le plus difficile !) ce que suggère ce lien au corps, c'est d'accepter que celui-ci nous parle et nous dise ce qu'il en est pour lui, et d'accepter de le valider et de le vivre. Nous adhérons tellement à l'idée que c'est l'esprit qui muselle le corps, qu'admettre l'inverse est un exercice parfois déroutant. Néanmoins, dans cette dimension d'une joie inscrite dans le corps, il faut bien accepter de s'en remettre à lui, de lui laisser les rênes et d'être guidé par une émotion dont nous ne saisissons pas toujours la parfaite origine. Ouvrir le livre de son corps et lire celui-ci avec délectation est une entreprise qui ne comporte aucun risque. Si ce n'est celui de mettre de côté un esprit par trop envahissant et dominateur.

Ce que la joie permet lorsqu'elle se partage et se montre

Aller vers la joie, que ce soit pour y rencontrer l'autre ou être simplement heureux de vivre, nécessite que notre joie se montre. Elle est alors proposition de partage. C'est d'abord une relation à soi qui permet d'être mieux avec ce que l'on est et ce que l'on devient. C'est ensuite un merveilleux moyen pour entrer en relation.

Qu'est-ce qu'être en relation avec l'Autre ?

La base de notre présence au monde est la subjectivité. Nous interprétons ce avec quoi nous sommes en contact au travers du prisme de nos ressentis et de nos croyances. Celles-ci sont limitantes dans la mesure où aucun être humain ne peut posséder la totalité de la connaissance de ce qui n'est pas lui. Nous avons beau tenter d'aller vers l'objectivité, elle est impossible à intégrer totalement.

Ce qui n'est pas nous, et qui reste donc partiellement interprétable, est constitué d'objectivité apparente (le monde des choses), d'instincts (le monde animal) et de subjectivités multiples (le monde des humains). Être en relation est donc une confrontation entre notre subjectivité et ces autres mondes, le dialogue s'effectuant selon des besoins et des nécessités propres à chacun de ces mondes.

Vouloir entrer en relation suggère une curiosité de base. On aura beau tenter de se mettre en retrait et ne vouloir aucun contact avec ce qui est extérieur, nous ne pouvons ignorer l'environnement, qui viendra toujours se rappeler à nous, ne serait-ce parce que nous sommes entourés de ce qui n'est pas nous et qu'il s'agit d'une donnée fondamentale de l'existence. Le besoin d'isolement est propre à l'histoire de chaque personne. En revanche, dès que nous voulons mettre en place une communication, un pont relationnel ouvert avec l'extériorité, nous sommes dans la nécessité absolue d'accepter ce qui existe au-delà de nous et de composer avec lui.

Il existe donc mille manières d'entrer en relation. Nous sommes comme Christophe Colomb dans sa quête des Amériques : nous abordons des terres neuves, croyant être aux Indes alors que nous sommes ailleurs.

Comment saisir cet Autre ?

Nous devons aller à la rencontre et briser l'espace qui nous sépare des choses et des autres. Comme nous l'avons vu précédemment, le corps participe à cela. Il me semble utile de poser le distinguo entre un autre directement visible et l'Autre, qui est une notion plus abstraite, plus spirituelle, et sur laquelle je reviendrai en troisième partie.

Dans le film de Pascale Ferran *Lady Chatterley*[1], on voit plusieurs fois Constance (Lady Chatterley) sortir de chez elle, où se morfond son mari estropié par la guerre, pour aller rejoindre le garde-chasse, son amant (Parkin), avec lequel elle découvre la sensualité, la soif de vivre et la joie. Ce qui est remarquable, c'est comment la réalisatrice montre ces moments dans lesquels l'espace qui sépare l'héroïne de son amant est tout aussi important que l'étreinte finale. À un autre moment, Constance regarde Parkin, nu, faire sa toilette. Elle prend le temps de la contemplation, ne se précipite pas sur lui. Elle halète et on perçoit la joie singulière qui s'installe en elle. La joie de la transgression, de l'inattendu, de la suspension du temps. Constance prend le temps de savourer cette distance. Elle aspire la présence de l'autre. Elle y prend goût justement parce qu'il y a cet espace, cette séparation.

On peut modéliser les séquences de ce superbe film et en tirer quelques leçons simples quant à la saisie de l'autre. Voici quelques pistes.

• **L'espace qui nous sépare les uns des autres est source de joie potentielle**

Comme Constance, nous pouvons avoir besoin de déguster ce qui est loin de nous ; de nous mettre en distance et de prendre le temps d'avancer vers ce qui peut nous mettre en joie ou ce qui peut nous procurer des sensations de plaisir. Ne pas rompre de suite l'épaisseur de cet espace, le laisser exister, est le moyen le plus sûr pour prendre

---

1. Film sorti en 2006.

conscience de la nature de notre désir. Partager sa joie avec les autres, c'est aussi mesurer la distance de l'un aux autres et apprendre à ressentir la justesse de chaque pas qui est fait avant la réunion, le contact.

• Saisir l'autre est un « aller vers »

Saisir l'autre n'est ni le prendre ni le posséder, c'est lui donner de l'importance au sein de notre univers intérieur, l'accueillir. C'est d'une certaine manière le porter en soi comme un enfant précieux. Ainsi, lorsque l'on est en chemin pour dialoguer avec lui, il s'agit d'un « aller vers » fait d'énergies positives et congruentes. Cet autre est choisi, pris en compte, respecté dans son environnement propre : on vient lui proposer un contact qui donne la possibilité de mieux se connaître, de se dire, d'échanger les subjectivités respectives de l'un et de l'autre. La joie prend précisément sa source dans ce mouvement.

• La joie est une projection interne qui tente d'englober l'espace interne de l'autre

Bien entendu, dans la proposition de rencontre se love une possibilité de marier les univers, de les échanger et de les confronter. Vouloir englober l'espace de l'autre est une tentative de conciliation entre deux visions du monde.

• La joie est une participation conjointe

Lorsque Constance court vers Parkin, on ne voit qu'elle. Tout l'écran est saturé par son désir et sa joie nouvelle. Cela ne nous empêche pas d'imaginer ce qui se passe pour Parkin. Il est dans l'attente, il sait qu'elle va venir, il se prépare méticuleusement à la découverte, à l'extase de la rencontre. Et c'est justement parce qu'elle suppose la fébrilité de son attente à lui que Constance est dans la joie. Même à distance, chacun sait le parcours que l'autre fait ; chacun devine le mouvement qui s'initie et va les amener à être dans les bras l'un de l'autre.

• **La joie permet de sortir de soi**

On peut garder sa joie en soi, la savourer seul et en tirer profit. Mais dans ce lien à l'autre dont nous parlons maintenant, il est judicieux de laisser la joie s'exprimer, s'évader de soi comme un chant. Cette énergie qui se répand au-delà de notre corps est encore nous-mêmes. Elle vient du tréfonds, elle se donne à voir, elle nous permet d'occuper l'espace de notre vigueur et de notre adhésion au monde. Sortir de soi devient une possibilité d'entrer en connexion avec ce qui nous entoure, de participer. Et la joie est un vecteur de participation efficace et serein.

• **La joie est un instant partagé**

Constance et Parkin se sont rejoints dans la cabane du garde-chasse. Ils ont à présent aboli l'espace qui les séparait et peuvent s'adonner à la joie des corps, à la complicité sensuelle et sexuelle. Et c'est justement parce que l'espace de séparation a été empli de désir que la joie peut s'auréoler de la perfection de cet instant partagé. Même si nous ne sommes pas dans un instant similaire à celui que vivent les deux amants du film de Pascale Ferran, nous expérimentons les mêmes sensations quand nous retrouvons nos amis, nos proches. Quand la joie est la résultante d'un espace d'attente qui se désagrège joyeusement dans la qualité d'une rencontre, que celle-ci soit amoureuse ou amicale, il en va de même. L'instant prend toute sa densité.

S'émerveiller de soi

La rencontre avec l'autre dans la joie permet donc tout simplement de s'émerveiller de soi. Cette rencontre, façonnée par notre capacité à nous ouvrir, à accepter d'avoir un corps émotionnel vivant et sensible, nous donne la possibilité d'étreindre ce qui est au-delà de nous. Et dans cet échange entre notre intériorité et l'extérieur, il nous est donné la possibilité de comprendre que la communication n'est pas qu'une information qui circule d'un émetteur à un récepteur mais un mouvement où tout se transforme dans l'échange. Lorsque nous sommes joyeux et que nous invitons les autres à partager notre joie, nous bénéficions de leur assentiment, et la joie que nous offrons nous est rendue au centuple. Mais c'est bien parce que nous avons émis une proposition que nous sommes plus enrichis encore dans le partage. Notre joie initiale permet d'approfondir celle-ci par le partage sensible avec les autres.

Être joyeux et le partager donne donc la possibilité d'une plus grande joie encore. Il nous est permis de valider et d'honorer la permission que nous nous donnons à ne pas restreindre notre joie d'être, à la laisser se diffuser au dehors de nous. Cela nous grandit et nous aide à rendre encore plus présent ce que nous sommes, à l'affirmer et à partager avec le monde qui nous entoure l'énergie de vie qui nous anime et qui se réjouit.

La joie, affirmation d'un narcissisme tranquille et prospère

Laisser voir sa joie est rassurant car cela authentifie ce que nous sommes : des êtres de communication. La joie valide ainsi notre dimension narcissique. Nous sommes au plus proche de nous-mêmes et n'avons aucune crainte pour aller vers le monde. Qu'est-ce que le narcissisme ? Pour le comprendre, il nous faut revenir au mythe grec.

LE MYTHE DE NARCISSE

Narcisse était un jeune homme qui ne comprenait pas le désir que ressentaient pour lui les garçons et les filles de son village. Il était continuellement harcelé par des demandes amoureuses, sensuelles, sexuelles, et chacun lui vantait sa beauté hors du commun. Pour comprendre pourquoi il suscitait autant de convoitise, il décida d'aller se regarder dans le miroir d'un étang. Lorsqu'il se pencha au-dessus de l'eau et qu'il aperçut son image, il fit comme les autres : il tomba amoureux de lui-même ! La légende raconte qu'à force de vouloir saisir et s'approcher de son image, il se noya et mourut. Mais ce qui est dit aussi, c'est que les nymphes, filles de l'eau et des forêts, le ranimèrent et le transformèrent en une fleur à l'odeur entêtante, le narcisse.

Ce que nous apprend cette histoire, c'est que Narcisse cherche à comprendre avant toute chose le désir des autres en se penchant sur sa propre image.

Nous sommes lors de notre petite enfance dans la même configuration que Narcisse. Notre entourage nous dit que nous sommes beaux et aimables et nous ne savons pas pourquoi. Nous avons alors besoin de vérifier l'amour et le désir des autres au contact de notre image. Et pour peu que nous ayons été suffisamment gratifiés par nos parents, nous pouvons saisir leurs affects positifs à notre égard en prenant contact avec nous-mêmes. Ainsi nous ne cherchons pas à nous aimer mais à saisir l'amour des autres. Nous sommes aimés avant d'être capables d'aimer.

Il est évident que dans le cas inverse, si nous sommes accueillis dans la méfiance et l'indifférence, nous développerons un sentiment négatif vis-à-vis de nous-mêmes. Il faudra un grand travail sur soi pour accéder à une résilience suffisante qui permette de construire une affirmation de soi équilibrante et vivifiante.

Lorsque l'on observe un petit enfant regardé avec joie et émerveillement par sa mère, il est facile de voir comment cette joie s'inscrit en lui sous la forme d'une agréabilité relationnelle qui sera le creuset d'une position joyeuse dans son rapport au monde. Ce creuset primitif de joie est la base de la construction du « meilleur de soi ».

J'ai posé plus avant le fait que l'émotion de joie était une résurgence de l'enfance, car c'est dans les sept premières années de la vie que la rencontre avec la joie se constitue. Il y a la joie acquise par réception de la joie parentale, mais on peut dire également qu'il existe un noyau de joie intrinsèque à cette position d'explorateur qu'adopte naturellement un enfant. Découvrir l'univers, le comprendre avec ses émotions, fait partie de l'aventure du début de la vie, et la joie est un allié sans commune mesure. C'est aussi dans cette construction que le narcissisme se met en place et assure une fermeté d'être qui sera aidante pour le développement psychoaffectif.

Développer un narcissisme équilibré

Ce que l'on peut appeler un « narcissisme équilibré » est fait de l'alliance subtile de nos joies de l'enfance conjuguées à la beauté de nos découvertes. Car cet explorateur que nous sommes dans l'enfance, nous continuons à l'être plus tard pendant l'adolescence et à l'âge adulte. Et, là encore, l'adhésion, la ferveur, l'espoir, l'enthousiasme (qui sont des vecteurs de joie) nous aident à nous sentir nous-mêmes au plus près de notre excellence.

La joie est l'affirmation de notre narcissisme car elle certifie que nous sommes aptes à pouvoir nous situer, nous exprimer et nous dire face aux autres, et que nous n'avons aucune crainte pour participer à ce qui nous entoure. Revenons de nouveau à l'enfance. Après ses sept premières années, un enfant découvre la socialisation. Il commence à s'émanciper de la seule référence parentale pour organiser lui-même ses propres réseaux de connaissances et d'affinités. Dans ces moments extrêmement importants quant à la construction de son être social, il découvre sa capacité à lier des relations, à les dénouer aussi, et, surtout, à les hiérarchiser en fonction de ses besoins. Cela l'amène à faire la différence entre les amis et les connaissances, entre la capacité à partager de l'intimité avec quelqu'un d'autre que soi et les simples relations d'échanges d'informations. La structure émotionnelle joue un rôle considérable dans ces différenciations, car c'est en fonction de la qualité des registres émotionnels ressentis que l'on qualifiera une personne d'« ami » ou de simple « connaissance ». Et dans cette distinction, c'est la qualité de la joie partagée qui fera la différence.

Tout cela participe de la dimension narcissique. Comme nous l'avons vu avec l'histoire de Narcisse, le regard supposé des autres est primordial pour construire le regard positif que nous portons sur nous-mêmes. Lorsque nous sommes en confiance, nous pouvons plus facilement nous livrer et partager des moments de joie avec l'autre. C'est la base même du sentiment d'amitié.

Les copains et les amis d'Hamid

« J'ai des copains et j'ai des amis. Je fais bien la différence. Avec mes copains je bois des verres, je parle de foot et de femmes. C'est très convivial. Avec mes amis je livre plus des problématiques personnelles, je peux me laisser aller à des confidences. Je peux pleurer. Lorsque je ris avec mes copains, c'est souvent parce que l'on se moque des autres. Avec mes amis le rire est lié au plaisir d'être ensemble. Nous nous touchons, nous nous embrassons. Il y a une complicité plus profonde. Et à certains moments, nos joies sont liées à ce que nous arrivons à vivre ensemble des instants privilégiés que je ne vivrais pas avec mes copains. Je peux dire qu'avec les copains c'est de la gaieté et qu'avec mes amis c'est de la joie. Bien sûr la différence est mince, mais j'ai besoin de faire la distinction entre les deux. Elle me donne la possibilité de vivre des rapports humains plus riches. Et j'ai l'impression d'être moi-même plus riche et plus complet de pouvoir être moi aussi un copain pour certains et un ami pour d'autres. »

Le témoignage d'Hamid aide à comprendre la manière dont nous hiérarchisons naturellement nos relations et comment nous accordons à la joie une place plus importante que d'autres manifestations du contentement. Dans ce lien fait entre la joie et l'amitié, Hamid prouve que la joie a une dimension de noblesse qui inclut la notion d'aveu et de richesse. C'est à ce prix et parce qu'il est en confiance qu'il peut dire sans méfiance qui il est à ses amis. On peut supposer que son narcissisme s'étoffe du fait d'avoir en face de lui des oreilles attentives et des regards soutenants.

À quoi nous sert un bon narcissisme ?

Au-delà du fait de nous définir comme un sujet face aux autres, le narcissisme sert à pouvoir dire « je » et à être en accord avec ce « je » que nous énonçons. Prenons un exemple simple : si je dis « Je monte les escaliers », cela veut dire que j'ai une capacité à porter un jugement (même dans un acte aussi simple !) sur ce que je suis et ce que je fais. Je peux me distancier de moi et me réassocier à moi-même à ma guise. Je peux prendre du recul et être présent à mon corps. Je peux faire ce mouvement de va-et-vient et me sentir parfaitement à l'aise en cela. Cela peut paraître simpliste mais, si l'on y réfléchit bien, on s'aperçoit que les moments phobiques (agora-phobie notamment) sont des moments de perte d'identité. On peut ressentir comme une sorte de dépersonnalisation et ne plus pouvoir dire « je ». Lorsque Narcisse se penche sur l'étang, il se voit et peut dire « Je suis beau ». Son « je » est conscientisé car il peut prendre ce recul vis-à-vis de lui-même.

L'émotion de joie est, à mon sens, l'émotion qui nous rapproche le plus de cette conscientisation. La joie nous permet d'être en lien avec nous-mêmes et, également, de prendre ce recul puisque nous voyons les effets de notre joie dans l'adhésion joyeuse de celles et ceux qui nous entourent.

Être soi dans la joie : prendre sa place

De notre arrivée au monde jusqu'à notre fin nous voyageons avec nous-mêmes. Nous sommes l'être que nous côtoyons le plus, et même si cette proximité n'est pas toujours simple, elle fait partie de l'inéluctable de notre condition humaine. Notre société a long-temps privilégié la douleur comme moyen de connaissance et de conscience de soi. C'est ainsi par la sensation dépressive que beau-coup de nos contemporains prennent appui sur eux-mêmes et, dès lors, le travail qu'ils sont amenés à faire sur eux ne s'organise qu'autour d'un seul but : faire cesser la douleur. Mais lorsque cela se produit, le lien à soi se perd. Comme si nous ne pouvions nous estimer qu'à l'aune d'un état souffrant et délictueux.

C'est l'« être qui souffre » qui valide ainsi l'« être qui est ». La philosophie occidentale est dans ses grandes options tout entière tournée vers cela. Blaise Pascal, Arthur Schopenhauer, Søren Kierkegaard, Jean-Paul Sartre, Samuel Beckett et bien d'autres ont tous envisagé la définition de l'humain au regard de sa souffrance et de ses blessures existentielles. Même Sigmund Freud, pourtant adepte d'un primat de la sexualité et de la recherche de la jouissance chez l'homme, n'a pu s'empêcher d'affubler l'aventure humaine du sceau d'un désespoir tenace quasi ontologique.

Tout cela tire ses origines de la chrétienté et on ne retient de l'image du Christ que sa passion souffrante. Croyants ou athées, le lien avec ces images récurrentes est agissant dans l'inconscient collectif, tout comme l'idée d'un monde meilleur qui serait continuellement à venir sans jamais pouvoir être éprouvé dans le présent. Les philosophes de la joie comme Baruch Spinoza ou Friedrich Nietzsche semblent donc des exceptions…

Mon travail de psychanalyste m'a amené à côtoyer de nombreuses personnes en difficulté avec leur vécu intime. Ce qu'elles venaient chercher pour la plupart était une forme d'apaisement qui leur permettrait d'oublier qui elles sont. Comme si la santé psychique consistait en un retrait de soi-même, une mise en veille de la conscience aiguë de soi. Bien sûr la cure psychanalytique permet d'aller vers des espaces intérieurs où l'on apprend à se côtoyer et à cheminer avec soi. Mais j'ai tendance à penser qu'il ne s'agit que d'une étape et qu'une fois la connaissance de soi établie et un rapport apaisé à soi conquis, le saut suivant est celui qui ouvre les portes de la joie…

Une posture créative

Être soi, ce n'est pas seulement être quelqu'un qui ne souffre plus, c'est également apprendre à s'ouvrir à cette joie fondamentale qui nous institue dans le monde des humains avec présence et force.

Être soi dans la joie n'est pas uniquement être soi, c'est également s'ouvrir à la possibilité de l'autre. Et c'est sentir concrètement en soi les battements de son cœur comme une symphonie secrète et vibrante.

Être soi c'est également être conscient de la place que l'on occupe dans le monde. Mais que veut dire exactement « prendre sa place ? » Prendre sa place c'est accepter d'agir et de transformer ce qui nous entoure. Cela passe par des choses simples et directes : affirmer ses valeurs, être responsable de ses dires et de ses actes, se positionner face aux autres, dire non lorsqu'il le faut, savoir prendre du recul et ne pas juger trop rapidement une situation, etc. En bref, il s'agit d'une forme de sagesse et celle-ci n'a de poids que si elle est soutenue par une joie indéfectible qui colore chaque geste et chaque pensée.

Être soi dans la joie est donc une « posture », une manière d'être qui fait que les autres nous repèrent et savent qui nous sommes, là où nous nous situons. C'est avancer sans fard dans le monde, être clair et saisissable.

J'ai développé plus avant un certain nombre de critères pour construire la joie en soi, et la « posture » dont je parle ici est le résultat de cette aventure de soi, de cette compréhension narcissique de qui nous sommes. Être soi dans la joie ne consiste pas à se promener un sourire béat aux lèvres et de ne rien prendre au sérieux. Il s'agit, bien au contraire, d'affirmer une confiance en soi, une solidité dans la manière de prendre son devenir en main. Tout cela avec, chevillée au corps, une sensation de bien-être fougueuse dont la source est la pulsion de vie.

Il faut bien souligner ici le fait que « l'homme joyeux » est un homme hédoniste et que la construction de la joie en soi est déterminée par une adhésion à la vie et à ses plaisirs. Il n'est pas question de s'abîmer essentiellement dans le plaisir, mais d'avoir conscience de l'importance d'un rapport au monde bâti sur la fonction de plaisir et ses prérogatives. Cela suppose également une inventivité permanente, dont « l'homme joyeux » se sert pour exister et trouver sa place.

Car « prendre sa place », c'est aussi savoir être créateur de son environnement, l'influencer, certes dans l'énergie du plaisir, mais également dans la détermination d'un lien souple aux autres. Être soi dans la joie c'est accepter d'être le créateur de son existence, c'est le faire dans l'énergie du désir et non dans celle de la crainte. C'est être un artiste, continuellement. C'est vivre. Et vouloir rencontrer le monde les bras ouverts.

PARTIE III

La joie pour rencontrer le monde

Lucas est un homme de 42 ans. Après de longues études, il s'est retrouvé responsable d'une équipe de commerciaux dans une grande entreprise. Ce poste est pour lui comme l'accomplissement de sa carrière. À l'époque il a 39 ans et voit son avenir tout auréolé de réussite sociale et de montée progressive dans les échelons de l'entreprise qui l'emploie. Mais pour cela il est obligé, petit à petit, de donner de plus en plus de temps et d'énergie à son travail. Sa vie de couple et de famille s'en ressente mais il ne voit pas les difficultés arriver, tout occupé qu'il est à développer sa réussite. Et cela marche ! Mais à quel prix !

La première alerte a lieu un matin, lorsqu'il est pris d'un malaise en se réveillant. Comme il dort peu, il met cela sur le compte de la fatigue, et, quelques boîtes de vitamines plus tard, il pense l'épisode derrière lui. Mais tout s'accélère quand il refuse de prendre ses congés d'été bien mérités après que son supérieur hiérarchique lui a fait miroiter un avancement s'il restait dans l'entreprise pendant les mois de juillet et août. Il accepte et ce qui devait arriver, arrive… la rupture avec son épouse et son *burnout*.

Du jour au lendemain, tout ce sur quoi il avait basé sa vie pendant deux années s'écroule et il ne comprend pas ce qu'il se passe. Lui, l'employé modèle, le bon manager, l'époux parfait qui ramenait l'argent à la maison, le père modèle qui couvrait de cadeaux ses enfants… Lui, symbole de la réussite, s'écroule comme un vulgaire arbuste ne résistant pas à la tempête ! Lucas passe un an à se remettre, à retrouver un lien moins fébrile avec lui-même, passant de séjours en centres de repos en travail d'introspection psychothérapeutique. Il comprend qu'il n'avait basé sa vie que sur trois critères : réussite, rendement et rapidité ! La loi des trois R ! Une loi terrible dont il payait l'assujettissement au prix fort !

L'histoire de Lucas est, hélas ! extrêmement banale. Beaucoup de femmes et d'hommes se retrouvent comme lui esclaves d'un travail dont ils perçoivent les dividendes dans un premier temps et les méfaits dans un second. Mais ce qui nous intéresse ici, au-delà de ce rapport frénétique et mortifère à l'activité professionnelle, c'est de nous apercevoir à quel point la notion de réussite sociale peut être accompagnée d'une profonde tristesse. Car lorsque Lucas, dans ses moments de « lucidité post-*burnout* », fait le point, c'est cela qui ressort : une course en avant dans la tristesse et la morosité.

Il est étonnant et contradictoire de réaliser à quel point ce qui peut apparaître comme le chemin de la réussite peut être borné d'une sensation de crispation où tout émerveillement ou plaisir sont exclus. « Aurais-je pu vivre la même réussite en étant joyeux et heureux ? » : telle était l'une des grandes interrogations de Lucas. À celle-ci aucune réponse, tant son histoire est singulière. Car même si elle ressemble à beaucoup d'autres, il serait faux de dire que la réussite professionnelle n'est que la porte ouverte à la dépression. Ce que raconte l'histoire de Lucas, c'est combien la construction de soi et la réussite de ses objectifs ne peuvent être efficientes que si la joie y est associée. Car très vite la vérification du bien-fondé de ses actes se fait en fonction de résultats tangibles qui tous vont aller dans le sens de l'augmentation de l'avoir et non dans celui d'une amélioration de l'être.

Revoir ses priorités

6

> « *Nous ne pouvons pas nous passer de réussir.* »
> Christophe André, *Imparfaits, libres et heureux.*

Je ne prône pas ici l'idée qu'il faudrait refuser notre société et ses fonctionnements et que la joie ne pourrait se trouver que cachée au fin fond d'un igloo. La question qui se pose est la suivante : pouvons-nous faire autrement ? Existe-t-il seulement un « autrement » qui pourrait nous amener à plus de joie ? Il semble clair, et c'est l'un des axes de ce livre, que nous devons hiérarchiser nos priorités autrement, et que la réussite personnelle ne peut se vivre qu'avec une dose de satisfaction émotionnelle forte.

Accéder à une joie profonde nécessite un changement d'orientation qui ne peut se vivre qu'en fonction de critères qui nous amènent à rencontrer le monde. La joie est une réunion entre ce que nous portons en nous de solaire et d'éclatant et ce que le monde a naturellement à nous offrir : l'émerveillement. Si Lucas a eu l'impression de réussir, c'est parce qu'il a obéi à des règles socialement admises et, sans aucun doute, à des demandes familiales inconscientes qui l'ont poussé à réparer des échecs paternels ou maternels. Cela fait partie de son histoire inconsciente. Mais au-delà de la psychanalyse propre à Lucas, il existe des considérations qui nous concernent toutes et tous si nous voulons conjuguer notre splendeur intérieure et l'émer-veillement extérieur à portée de main, de regard et de sentiments.

Contempler le monde : l'Autre

La contemplation du monde est l'une des conditions pour accéder à cette rencontre majeure que je prône ici. Contempler le monde n'est pas seulement une attitude méditative qui consisterait à regar-der la nature et ses changements. Ce que j'entends par monde, c'est tout ce qui n'est pas nous-mêmes et qui vit sous nos yeux à quel-ques encablures de ce que nous ressentons.

Contempler le monde c'est y participer. Le lien qui existe entre ce que nous sommes et ce qui n'est pas nous est un lien actif. Nous pouvons choisir d'agir sur l'extérieur avec l'idée de le transformer, de le ramener à ce que nous voulons, mais nous pouvons également décider de nous laisser influencer par lui et d'accepter les modifi-cations internes (sensations, émotions) que cela nous procure. Dès lors, ce que le monde nous apporte peut nous enrichir et nous pouvons répondre à cet enrichissement par la dose de vie que nous portons en nous. Il s'agit d'une interaction positive.

Ainsi nous augmentons les échanges et participons au flux vital qui soutient le monde et dont nous sommes l'une des composantes, non le maître absolu. Contempler le monde, contempler l'Autre, dialoguer avec lui, etc., c'est prendre un rendez-vous avec une forme d'émotion qui peut nous bouleverser et changer radicalement notre rapport à nous-mêmes. Une présence participante.

Le rendez-vous avec l'Autre

Nous rencontrons deux types d'autre. Il y a les autres en général, qui sont toutes les personnes qui ne sont pas nous et avec lesquelles nous n'avons pas développé d'affects particuliers. De ceux-là nous avons parlé dans le chapitre 5. Mais il y a aussi l'*Autre*, qui est à la fois une donnée plus philosophique et une évidence concrète. L'Autre tel que je l'entends ici est celui vers lequel nous avons envie d'aller, avec lequel nous souhaitons communiquer dans un partage émotionnel choisi et approfondi. Celui avec lequel nous voudrions avoir un rendez-vous qui engage la vie dans son entièreté.

Il y a quelques siècles, on aurait pu penser que je faisais référence à Dieu en utilisant ces mots. Il ne s'agit en fait nullement de religion, mais d'une dimension sacrée du lien à ce qui n'est pas soi. Et cet Autre choisi, appréhendé, désiré, peut aussi bien être un homme, une femme ou un paysage. Ce qui est ici en question est la qualité de la vibration échangée et multipliée par la rencontre entre soi et ce qui n'est pas soi. Cette communication a un caractère éminemment sacré et secret. Elle est faite d'une joie pure et enfouie au plus profond de nous. La joie est donc aussi ce rendez-vous pris inconsciemment avec l'Autre. C'est là sa mission la plus subtile.

Tant que nous restons dans les aspects les plus évidents de l'émotion joyeuse, nous pouvons repérer ce qui se passe en nous, le comprendre et l'analyser. Dès que nous nous mettons en contact avec cet

Autre, ce qui se met en jeu dans notre inconscient et dans nos ressentis est d'une nature plus énigmatique et nous échappe sans cesse. J'émets l'hypothèse que nous avons en nous ce besoin du rendez-vous avec l'Autre. Nous ne le savons pas consciemment, mais nous nous en apercevons lorsque cela a lieu. C'est la joie du regard face à une œuvre d'art, la force de la joie du bassin dans l'éclat du désir, la brûlure du ventre lorsque la joie est trop puissante. C'est le désir d'ouvrir ses bras et son cœur.

L'Autre nous attend. Il est constamment à portée de corps, dans l'espace qui nous entoure, ni trop près ni trop loin, juste à la bonne distance. Dès que nous laissons la joie nous envahir et habiter la maison de notre corps, le rendez-vous devient possible et l'Autre nous englobe comme nous l'englobons. C'est un retour conscient à la fusion primitive d'avec la mère qui, lorsqu'on le vit, nous inonde d'un remerciement naturel pour la vie, dont nous sommes la représentation et l'expression. Pour vivre cela, il nous faut accepter d'aller vers la joie et de nous diluer en elle.

Réparer et s'apaiser pour déployer sa joie : l'amitié

L'amitié offre la possibilité d'une joie partagée avec des autres que soi, elle propose justement l'espace naturel pour que la joie se partage et se dise. Le psychanalyste Saverio Tomasella, dans *Le Sentiment d'abandon*[1], a remarquablement démontré à quel point nous sommes soumis à des possibilités d'abandon au cours de notre vie,

---

1. Saverio Tomasella, *Le Sentiment d'abandon. Se libérer du passé pour exister par soi-même*, Eyrolles, 2010.

dès l'enfance. Ce sentiment d'abandon peut générer une sensation de solitude extrême à partir de laquelle il est difficile voire impossible d'avoir accès naturellement à l'émotion de joie. L'amitié est l'une des solutions pour dépasser cela.

Car ce que nous offre l'espace amical est bien la possibilité de réparer nos blessures enfouies. Et parce qu'en amitié nous n'avons, en toute logique, pas à prendre en compte l'éventualité d'une dimension sexuelle de la relation, les tensions sont apaisées et le lien s'oriente vers une capacité à se dire, à s'avouer, sans peur du jugement de l'autre. Les liens d'amitié nous offrent ainsi cette possible tranquillité dans la relation et le partage. L'ami(e) est celui ou celle avec qui nous pouvons être sûr(e) que le rire sera au rendez-vous. L'amitié est associée à la joie partagée, à l'attache évidente à des moments de connivences joyeuses.

L'amitié, espace relationnel libérateur

Beaucoup de mes patients viennent consulter pour des soucis conjugaux. Ils ne savent plus s'ils aiment ou s'ils sont aimés de leur partenaire. J'ai souvent reçu des témoignages qui redonnaient à l'amitié son sens de réparation et d'apaisement, comme un havre de paix où l'on peut déposer ses craintes, ses douleurs et ses interrogations.

Les amis de Clara

« J'ai vécu une fin d'histoire amoureuse absolument catastrophique. Après vingt ans de bons et loyaux services à la cause du mariage, j'ai fini par rendre les armes ! Je n'aimais plus mon mari ! Il a fallu le lui dire, assumer la rupture, lui faire comprendre que, "non, je n'avais personne d'autre dans ma vie, mais que j'étais juste fatiguée et sans amour", accepter d'être la méchante et la "sans-cœur"... Cela a été dur et je n'ai pu le vivre que grâce à mes amis, Nicole, Geneviève et Maurice. Trois personnes qui ont su m'écouter. Elles ne me comprenaient pas toujours d'emblée mais, comme nous étions liées par l'amitié depuis longtemps, elles faisaient l'effort d'essayer de savoir ce qui se passait pour moi, ce que je ressentais. Ces amis n'ont pas joué les psys car ils me disaient leurs désaccords, m'avouaient leurs incompréhensions, mais je savais que je pouvais compter sur eux 24 heures sur 24 ! Et ça c'est irremplaçable. Ces trois personnes m'ont maintenue à flots. Grâce à elles, la joie pouvait trouver sa place au milieu d'un fatras à l'intérieur duquel je ne me reconnaissais pas moi-même ! »

Dans ce que dit Clara, une phrase me semble essentielle : « Ces amis n'ont pas joué les psys car ils me disaient leurs désaccords, m'avouaient leurs incompréhensions, mais je savais que je pouvais compter sur eux 24 heures sur 24 ! » C'est le signe qu'elle peut offrir cette transparence qui nous permet de nous sentir en confiance et libérés du sentiment d'abandon. Car dans l'amitié on est comme en refuge : accepté et compris, entendu et écouté.

Cette base harmonieuse permet à la joie de se déployer dans toutes ses composantes. Les représentations de l'amitié montrent souvent des personnes qui partagent une joie immodérée. Ces représentations ne sont pas vides de sens mais l'expression juste d'un univers où le partage de la gaieté est à son apogée. Et c'est justement, pour reprendre les mots de Clara, parce que l'amitié contient la possibilité d'exprimer des désaccords, que la joie est possible. C'est parce qu'elle n'est pas entachée par une succession de non-dits ou de faux-semblants que l'on peut se livrer totalement et en retirer des bienfaits sous forme de sensations agréables et constructives.

Relâchement des corps, partage des âmes

Dans les rapports amicaux les corps sont déliés. On peut se prendre dans les bras, s'embrasser comme du bon pain, dormir ensemble, il existe comme une proximité naturelle où la joie est incarnée.

Même si l'étymologie du mot amitié reste floue, on ne peut pas ignorer une correspondance auditive avec le mot amour. Dans les deux cas l'âme est présente et on peut définir l'amitié comme un partage d'âme entre deux ou plusieurs personnes. La confiance, mais également la sympathie et le réconfort sont des composantes importantes qui vont dans le sens du renforcement de l'amitié, de son socle profond qui réunit les êtres et les rendent solidaires. C'est bien là l'un des moyens les plus efficaces pour rompre le sentiment d'abandon dont parle Saverio Tomasella.

Nous avons besoin d'expérimenter les choses pour leur donner du corps et de la profondeur. Et toutes les meilleures théories sur la joie n'ont de sens que si elles sont vécues. Ce que permet l'amitié. L'amitié est donc un exceptionnel terrain d'exploitation de la joie et de ses bienfaits.

Inscrire la joie dans l'amour

Il paraît plus évident à beaucoup de faire le lien entre la joie et l'amour. Pourtant, force est de constater que les histoires d'amour ne sont pas toutes joyeuses… C'est pourquoi il faut bien faire la différence entre l'amour lié à *éros* (érotique, conjugal), celui lié à *philia* (l'amitié), et celui lié à *agapè*, qui serait plutôt en résonance avec l'amour inconditionnel. Et toute la difficulté, dans une relation amoureuse telle qu'elle est communément admise, est bien de concilier *éros* et *agapè* dans une seule et même relation durable. Nous parlerons plus loin du lien entre joie et sexualité mais, pour le moment, arrêtons-nous sur ce rapport si particulier entre l'amour et la joie.

Aimer est un verbe difficile à conjuguer. Depuis la nuit des temps l'être humain cherche à définir ce qu'est réellement l'amour et comment il peut se vivre harmonieusement, avec, en filigrane, l'intime certitude qu'aimer est indissociable de notre condition humaine.

Lorsque nous sommes amoureux, dans les débuts de la rencontre avec quelqu'un d'autre que nous, nous ressentons des émotions qui convergent toutes vers la joie. Et même si une certaine appréhension ou une peur sourde peuvent nous inhiber, c'est bien la joie qui est le principal moteur relationnel. C'est parce que l'inconnu est là. Il existe comme un inattendu perpétuel qui colore chaque instant de mille feux resplendissants. L'erreur que nous faisons alors est de prendre ces effluves régénérants pour de l'amour dans le sens de *l'agapè* alors qu'il s'agit de l'expression d'*éros*. En d'autres termes, le désir précède l'amour et nous confondons ce qui est de l'ordre d'un éphémère agréable avec la pérennité éventuelle de la relation. Ce qui crée beaucoup de confusion au sein des couples.

Les pièges d'Éros

Lors de mes consultations je reçois des couples qui ne sont plus dans le désir sexuel mais qui continuent néanmoins de s'aimer. Ils ne comprennent pas la disparition du lien désirant et voudraient revenir aux débuts de la relation, lorsque tout était nouveau et vierge. À mon sens, ce n'est pas à partir du désir qu'ils peuvent redynamiser leur relation mais bien en trouvant ou en retrouvant la joie d'être ensemble et de partager une aventure commune.

C'est tout le sens de l'*agapè*. Dans l'*éros* la joie est incluse, elle se trouve d'office. Dans l'*agapè* la joie se travaille et se cherche. *Éros* amène les corps à se rencontrer et à dialoguer dans la recherche du plaisir. *Agapè* est un échange d'esprit à esprit. Cela ne veut pas dire que le corps est absent du processus, il a bien au contraire sa place, mais que la prépondérance est donnée à une connivence intellectuelle où ce qui peut se partager est plus de l'ordre des valeurs, des croyances, des interrogations. *Agapè* marque ainsi la maturité du couple et de l'amour. *Éros* en est l'enfance radieuse et turbulente.

Patrick et Suzon, une histoire de couple

Patrick et Suzon se sont connus à la fac. Très vite ils ont ressenti l'un pour l'autre une attirance forte qui s'est rapidement traduite par une relation intense. « Nous faisions l'amour tous les jours, comme des fauves. Nous avions envie de nous dévorer », raconte Suzon. Cet élan si puissant laissait entendre une histoire d'amour éternel, comme une évidence inscrite dans la fougue du désir.

Le temps a passé, les études sont terminées, Suzon et Patrick commencent à vivre ensemble, sans pour autant connaître ces moments si délicats où le quotidien ronge le désir. Celui-ci perdure. Certes l'intensité a diminué, mais pas au point de les alarmer. Et puis il y a entre eux une telle joie, une telle gaieté profonde ! Tout n'est que prétexte à plaisanteries, jeux, légèreté... « Dès que je voyais Suzon je ne pensais qu'à une seule chose : comment la faire rire ? », dit Patrick. Et le temps de passer ainsi. Même les difficultés financières liées à leurs débuts dans la vie professionnelle ne les atteignent pas. Ils ont l'impression de tenir le monde dans leurs mains et d'être solides l'un pour l'autre, chacun étant le garant de leur union.

Et puis tout bascule. Voilà sept ans qu'ils sont ensemble quand le père de Patrick décède soudainement. Une entaille profonde dans le bonheur et l'agencement harmonieux des jours. De fait la joie candide du début se délite vite. Patrick devient sombre et coléreux, et Suzon ne sait pas comment faire face à ce changement soudain de comportement. De la fusion ils passent vite à la confusion.

Après moult discussions et d'épiques remises en cause de leur union, ils décident de faire un enfant. « C'était notre ultime chance pour retrouver l'innocence de nos débuts », reconnaît Patrick. Hélas ! cela ne réussit point. Il s'avère qu'une incompatibilité rédhibitoire les empêche de devenir parents. Après le décès du père de Patrick, voici qu'il leur faut imaginer le deuil de l'enfant sauveur. Et c'est éreintés et ennemis l'un de l'autre, dans une incompréhension teintée de douleur, qu'ils décident d'entamer une thérapie de couple.

J'ai travaillé plusieurs mois avec Suzon et Patrick, et ce qui me parut évident était leur incapacité à analyser ce qui leur arrivait. Même si le lien avec le décès paternel et l'impossibilité d'avoir un enfant était évident, ils restaient dans l'idée qu'on leur avait volé leur bonheur et que l'éden qu'ils avaient connu au début ne pouvait pas avoir disparu comme cela. En les écoutant, il m'arrivait de penser qu'une malédiction leur était tombée dessus. « Pourquoi nous ? », disaient-ils souvent d'ailleurs.

En réalité Patrick et Suzon ne voulaient pas se poser de questions. Ils étaient même dans l'idée que se questionner revenait à accroître encore plus le malheur. Car pour eux tout ce qu'ils avaient ressenti au début de leur idylle était de l'ordre du magique : comment le raisonnable pourrait-il bien ramener ce magique-là à la maison ? Ils reconnaissaient une joie immense à se retrouver dans les premiers temps, une joie de l'enfance et d'une simplicité telle qu'elle leur semblait éternelle. C'est en cela qu'*éros* parfois nous piège ! Il nous fait croire à l'éternité !

Dans le chapitre 3 j'ai tenté de poser ce rapport au temps si particulier qui est le nôtre et comment la notion de joie y est inscrite de manière bien différenciée. Dans le cas de Suzon et Patrick, lorsqu'ils sont venus me consulter ils se trouvaient dans l'*Aïon*, dans l'éternel comme quotidien. La mort du père et l'impossibilité d'incarnation d'un enfant les ont rattachés d'un coup à *Chronos* et à une temporalité précise marquée par la douleur.

Construire la joie pour que l'amour dure

Ce couple est représentatif de la difficulté que nous avons à inscrire la joie dans l'amour conjugal. Cette joie va de soi au début et se perd ensuite. Alors comment la maintenir ? En acceptant qu'elle soit différente de la joie des débuts, qu'elle soit d'une autre teneur, peut-être moins spontanée mais tout aussi vivace. Je parlais tout à l'heure de ces moments où le couple fait l'expérience de la maturité relationnelle. Ce moment peut paraître sec et rude à certains, mais il est le ciment solide de la relation.

C'est justement lorsque les épreuves arrivent que le couple doit trouver cette joie particulière qui peut donner à chacun la force de continuer ensemble. La teneur de cette joie est faite de ce que j'appellerais ici une innocence mature. En effet, lorsque les évidences

103

du début sont loin derrière nous, il est bon de puiser dans des formes relationnelles qui laissent la possibilité de continuer à grandir ensemble. Il faut donc arriver à conjuguer le sérieux de l'élaboration du couple avec une légèreté qui permet à la joie de trouver sa place. D'évidente, la joie devient à construire.

Par quoi passe cette construction ? Par le fait de trouver du sens à la relation. Si je reprends l'exemple du couple formé par Suzon et Patrick, ils vivaient dans l'idée que leur union était magique et irrationnelle, encore englués dans ce mythe fécond qui laisse entendre que chacun est pour l'autre la représentation d'une part manquante de soi. Commencer à rationaliser la relation permet de trouver le sens inconscient à ce pour quoi on est ensemble. Il n'existe pas de hasard souverain qui gouverne les choses et fait de nous des pantins participatifs qui acquiescent quelle que soit la situation, mais des individus acteurs de leur propre histoire.

C'est cela qui a sauvé Patrick et Suzon. Ils ont compris les enjeux inconscients de leur rencontre et se sont reliés à leurs histoires généalogiques respectives pour saisir ce pourquoi ils étaient l'un avec l'autre. En comprenant cela, l'absence d'enfant est devenue claire et ils se sont retrouvés libres.

Mettre du sens de la conscience dans le lien

Le secret professionnel m'empêche de livrer les tenants et les aboutissants de l'histoire de ce couple. Néanmoins, ce qu'il faut retenir, c'est comment la mise en sens de la relation peut aider à comprendre qui on est et pourquoi on est ensemble. Il en va de même quant à la joie relationnelle. On peut penser qu'elle est naturelle parce qu'elle s'exprime d'emblée dans la profusion de la rencontre, mais cette joie du départ ne peut trouver son épanouissement que si elle est conscientisée. À partir du moment où la conscience se met en place, nous conquérons un espace de liberté à nul autre pareil, et la joie de vivre avec l'autre n'en devient que plus forte.

Mettre de la conscience dans le lien c'est apprendre à se débarrasser des influences inconscientes qui embourbent et gênent. C'est également comprendre la différence qui construit la relation et refuser la béatitude fusionnelle. Suzon et Patrick ont vécu dans cette fusion, avec délectation, mais lorsque l'épreuve arrive (et elle arrive toujours !) c'est par la distinction de l'un vis-à-vis de l'autre que l'on peut supporter les aléas de la vie. Comme le dit la psychanalyste Sophie Cadalen dans *Inventer son couple* : « L'amour ne peut s'établir que sur une relation où l'autre et moi sommes distincts. L'amour ne dure qu'à être, toujours, dans l'affirmation de son désir. Un désir qui rencontre le désir affirmé de l'autre, les deux créant une réalité ensemble[1]. »

Accepter cette distinction, sortir du *un*, c'est commencer à poser un nouveau regard sur l'union que l'on forme avec l'autre. Ce n'est ni simple ni fait de recettes. Mais c'est dans tous les cas dynamique. Et la joie qui prend sa place dans ce schéma-là est totalement pleine et sereine. Là encore, Sophie Cadalen le souligne : « C'est alors qu'il peut être agréable de répondre au désir de l'autre, à ce désir qui d'abord n'est pas le mien. Car là, il ne s'agit plus d'obéir, mais

---

1. Sophie Cadalen, *Inventer son couple. Préserver le désir au quotidien*, Eyrolles, 2006, p. 177.

d'avoir envie de lui dire oui. Ce qui est en soi un désir. Et pas "oui" parce que je le dois, parce qu'il faut assurer l'autre de mon amour, car sinon il ne m'aimera plus, il ira voir ailleurs[1]... »

La joie ne peut se partager dans sa plus haute expression que si chacun est libre dans son désir et dans l'expression de son contentement. Ce n'est pas la même joie qui s'exprime chez l'un et chez l'autre mais deux joies distinctes qui se réunissent et s'allient dans la force de leur expressivité. La joie dans l'amour, ce sont ainsi deux joies qui dialoguent et qui forment un diptyque qui a du sens et dans lequel la conscience du lien a toute sa place.

La joie, un amour sans condition

J'ai parlé de l'amour à deux, de cet amour qui concerne le couple et le sentiment amoureux. Il existe une autre forme d'amour appelé communément « sans condition ». Le terme est délicat, car il renvoie bien souvent à une dimension religieuse du lien d'amour et à une détermination chrétienne. Or l'amour sans condition peut être envisagé dans une approche non religieuse. Il raconte alors un lien au monde où tout est envisagé à l'aune d'un amour pour toutes choses et pour tous les êtres. Mais il me semble que cet amour ne peut pas être sans condition.

L'amour, dans son essence, est une demande faite au monde, à l'entourage, à l'Autre. Cette demande peut ne pas être satisfaite mais elle a besoin de s'exprimer. Ce qui peut être sans condition peut se construire dans le lien particulier que nous avons à nous-mêmes.

---

1. *Idem.*

Cela renvoie à la dimension narcissique déjà évoquée. Dans cet espace qui ne concerne que nous, lorsque nous avons installé une paix profonde en nous, il peut se développer un amour de nous-mêmes où nous sommes sans demande particulière, juste dans le plaisir d'être soi. C'est à partir de cette émotion que nous pouvons entrer en contact avec les autres ; dès lors nous sommes dans une relation plus ouverte et plus fluide. Nous n'avons pas d'attente si ce n'est la joie de partager un état interne avec l'extérieur. Si notre intériorité modifie l'extériorité par une forme de contagion, cela est bien, mais il ne peut s'agir d'une condition *sine qua non* à la bonne marche de la relation. Sinon cela revient à s'instituer comme seule valeur relationnelle et à s'installer dans un sentiment de toute-puissance.

Lorsque je parlais de « contempler le monde » il ne s'agissait pas de l'idée de le transformer mais de participer, en échange, en dialogue avec le flux vital dont nous sommes l'une des composantes, mais pas la plus importante ; juste un élément d'un mouvement plus global.

L'amour sans condition est d'abord une édification personnelle. C'est une mise en demeure de la joie en soi. Nous sommes la seule personne sur laquelle nous avons le pouvoir de changement. Le reste se modifie en fonction… ou pas. L'essentiel est donc ce qui se construit en nous et comment nous nous donnons la possibilité d'élargir notre conscience joyeuse. Nietzsche dit, dans « Le solitaire » :

> *J'aime, comme les animaux des forêts et des mers,*
> *Me perdre pour un bon moment,*
> *M'accroupir à rêver dans un désert charmant,*

Et me faire revenir de loin à mes pénates,
M'attirer moi-même… vers moi[1].

Ces quelques vers traduisent ce rapport à soi à partir duquel peut
se déterminer une notion d'amour inconditionnel. C'est une
forme d'intimité universelle. La joie dans son essence et sa gloire
est l'amour sans condition. Elle n'est pas dogmatique. Elle envahit
l'être du haut vers le bas, du bassin au crâne, avec subtilité et fragilité. Aussi vouloir s'inscrire dans le rythme d'un amour sans condition c'est apprendre à cultiver la joie en soi. Cela demande du
temps. C'est un travail d'acquisition et de compréhension de qui
l'on est. Il s'agit, comme nous l'avons déjà souligné, d'une mise en
conscience du lien que nous mettons en place dans notre rapport
au monde. L'amour conjugal tout comme l'amour du monde a
besoin de la joie pour s'exprimer. Mais cette joie n'est pas naturelle,
elle ne vient pas d'un en dehors de nous. Elle se bâtit sur les fondations de notre histoire singulière et se développe dans la compréhension de ce que nous sommes. C'est le meilleur vecteur pour
construire son demain dans le sourire.

---

1. Friedrich Nietzsche, « Le solitaire », *Le Gai Savoir*, Gallimard, 1964, p. 25.

Le centre de son corps, lieu de la joie

7

Nous l'avons vu, le corps est l'élément central de la joie. C'est dans le corps qu'elle s'inscrit, qu'elle trouve sa raison d'être. Nous avons vu également combien les lieux du corps pouvaient raconter des déclinaisons différentes de la joie, comme si chaque parcelle de notre corporalité était une composante de la joie et que c'est la réunion de toutes qui donnait à la joie sa pleine mesure. Mais pour irradier sa puissance, la joie a besoin de s'appuyer sur un centre à partir duquel elle peut grandir. Ce centre se situe dans le corps.

Pour aller plus avant dans ce concept d'un centre du corps, je vous propose de poser un regard sur l'exercice de la méditation. C'est à mon avis un exemple parlant car, dans la méditation, nous sommes *a priori* en lien avec nous-mêmes et nous dialoguons intérieurement.

Prenons une situation simple : une personne est assise sur une chaise. Elle ferme les yeux, se met au contact de sa respiration et se connecte à ses pensées ou à son corps. Elle fait une sorte d'état des lieux et se demande : « Où est mon centre ? » Beaucoup de réponses sont possibles mais elles n'iront pas dans le sens d'apporter une réponse véritable et tangible. Car nous confondons souvent concentration et méditation. Dans la concentration nous partons de la pensée pour aller vers le corps. Nous pouvons dire « Je respire », en prendre conscience, et c'est déjà bien. Mais ce qui permet de franchir un palier c'est de partir du corps pour aller vers la pensée. Et de pouvoir se dire ainsi : « Je suis respiré. »

« Par quoi suis-je respiré ? », me direz-vous. Toute la difficulté est précisément de ne pas se poser cette question et de la laisser de côté, même si l'on a l'impression de se retrouver dans une totale abstraction. Car c'est justement le fait que la pensée soit suspendue qui crée cette sensation et qui donne la possibilité d'être au cœur même d'un ressenti parfait, parce que sans interprétation mentale. Ce moment est une connexion avec ce qui est en mouvement en nous. Le centre peut ainsi se révéler. C'est lui qui viendra imposer sa réalité.

Penser et vivre son corps comme un temple

Avoir une conception symbolique du corps permet déjà de se mettre dans l'idée que le corps n'est pas seulement un véhicule qu'il faut entretenir le mieux possible mais également une partie fondamentale de notre être.

Être en lien avec la joie pour la laisser éclater dans son espace corporel, c'est considérer que le corps est un temple, qu'il a une dimension sacrée. Je suis revenu à Platon au chapitre 4 avec « l'homme est semblable à un attelage ». Cette conception platonicienne de l'organisation psychique humaine laisse entendre que plusieurs parties coexistent en nous et qu'il est de notre devoir de chercher à les harmoniser. La notion de temple signifie que nous accorderons ici une plus grande attention au maître intérieur. Rappelons que celui-ci est à considérer comme un vigile qui est toujours là pour nous rappeler où se trouve le centre de notre être. Le maître intérieur nous ramène constamment à l'essentiel.

Rencontrer son maître intérieur

Lorsque nous laissons les émotions venir à nous et que nous sommes en état de méditation, c'est le maître intérieur que nous rencontrons. Il nous indique la voie vers un sourire intérieur présent en continu dans nos fibres les plus profondes, et cela quels que soient les méandres pris par nos vies. On peut le symboliser par un être qui vivrait tranquillement dans notre centre en attendant patiemment que l'on vienne le solliciter. Lorsque c'est le cas il dit toujours oui ; il est toujours disponible. Quand je parlais du jeune Ludwig du film *Ludwig van B.* et de ce moment de création de l'*Hymne à la joie* malgré les turpitudes que lui impose son père, c'est bien de la rencontre avec le maître intérieur dont il est question : la rencontre avec une joie indestructible qui permet de regarder le monde sereinement et de pouvoir créer.

Être relié à cette joie particulière permet de vivre le corps comme un espace où ce qui circule comme flux vital est une bénédiction constante. Ainsi chacun de nos gestes, de nos pensées, chacun de nos pas est un acte créateur ; l'instant présent est pleinement englobé dans les sensations éprouvées. Car il s'agit bien ici de sensations,

111

c'est-à-dire d'énergies difficiles à décrire avec des mots et qui, néanmoins, lorsqu'elles sont présentes dans le corps, apparaissent comme ce qu'il y a à la fois de plus vivant et de plus mystérieux en nous.

Il est important de souligner que même si les états méditatifs sont les plus propices à l'émergence de ces sensations précieuses, nous pouvons les expérimenter à d'autres moments de notre vie, notamment dans notre quotidien le plus simple. Notre corps nous accompagne du début à la fin de notre vie et même si nous vivons avec lui et à travers lui des moments plus privilégiés que d'autres, il est bon de considérer la joie comme pouvant se manifester à tout moment. Pourquoi ne pas être joyeux en faisant ses courses ? Pourquoi ne l'être que dans des moments où l'on s'attend à ce qu'elle surgisse ? Le sourire que nous pouvons porter à l'intérieur de nous peut ainsi être permanent. Et c'est ce contact régulier, comme des visites fréquentes chez un bon ami, qui peut nous aider à établir cette permanence.

LE *SATORI*

La philosophie zen apporte une notion qui peut nous aider à saisir cette possibilité d'une joie permanente. Cette notion est celle du *satori*. Le *satori* est un état d'illumination, de joie profonde, qui peut survenir à n'importe quel moment du jour et de la nuit. Le travail de chacun est de se préparer à l'accueillir, non de le rechercher activement, car cela créerait une tension qui empêcherait son arrivée. Le poète japonais Matsuo Bashô (1644-1694) a inventé une forme poétique courte appelée le haïku pour traduire de manière fulgurante et concise ces états de *satori*.

.../...

— .../... —

En le lisant, on se rend compte à quel point n'importe quel événement peut amener à une gaieté absolue et parfois sans raison objective. Ainsi ce haïku :

• un vieil étang ;
• une grenouille plonge ;
• le bruit de l'eau.

Comme quoi le simple saut d'une grenouille dans l'eau peut amener à la connexion avec la joie et la félicité…

Une douce détermination

C'est donc de cela qu'il s'agit : considérer son corps comme un lieu d'où peuvent surgir des merveilles et à partir duquel nous pouvons nous connecter avec les manifestations les plus simples et les plus jubilatoires. Être dans cet esprit change considérablement le rapport à la vie. Il s'agit d'une attention, d'une posture, d'une détermination douce où l'on se donne toutes les chances pour que l'imprévu surgisse et irradie l'esprit. C'est le réveil du maître intérieur qui, dès qu'il est actif, joue son office : il organise le lien au monde pour qu'il nous remette dans l'enfance et sa dimension ludique. Et cela nous le portons toutes et tous au plus intime de nous-mêmes !

Cédric, un corps tout neuf

« Pendant de longues années j'ai été ce que l'on peut appeler un homme actif et cérébral. Je n'arrêtais pas de penser, de parler, de lire. Cela était très bien mais j'avais oublié que j'avais un corps ! Quand un accident de voiture m'a cloué au lit durant plusieurs semaines j'ai pris peur. Ce pauvre corps tout fracassé allait-il me lâcher ? Je lui ai accordé plus d'attention, j'ai été gentil et tendre avec lui, mais ce n'était que pour le rendre de nouveau esclave de mon mental... et j'ai eu un autre accident.

« Le travail avec une thérapeute psychocorporelle m'a donné l'occasion d'aborder des manières de vivre mon corps tout à fait nouvelles. J'ai fait attention à la façon dont je respirais, j'ai pris conscience de ma bouche, je suis descendu dans mon bassin. Tout à coup mon corps est devenu une espèce de labyrinthe dans lequel je cherchais à m'orienter. Ma thérapeute fut mon fil d'Ariane et mon corps une découverte radieuse. Maintenant c'est avec plus de sérénité et surtout plus de conscientisation que je marche, que je bois et mange, que je parle... que je dors ! Je n'ai pas arrêté de cogiter mais le faire dans un corps neuf c'est vraiment extraordinaire ! »

Le témoignage de Cédric donne toute sa réalité concrète à mon développement théorique. Cédric dit avec ses mots toute l'importance d'un retour au corps et combien ce retour permet d'être mieux avec soi-même. Dire que le corps est un temple et le vivre est une manière de mettre plus de douceur dans son lien à l'espace corporel, qu'il s'agisse du sien ou de celui des autres. Que nous le voulions ou non nous montrons notre corps, et à moins de passer sa vie entière au fond d'une grotte, notre corps est vu par les autres. C'est tout le sens de la dimension narcissique dont j'ai déjà parlé. Mais au-delà de l'affirmation narcissique, il y a le fait d'accepter d'être observé et de comment nous nous rendons visibles corporellement.

Il va de soi que si nous n'envisageons notre corps que comme un véhicule utilitaire nous ne l'exposons pas de la même manière que si nous le vivons comme un temple. Pour que la joie profonde et l'intériorité du sourire puissent s'épanouir, penser et vivre son corps comme un temple est une aide considérable. On aborde un temple, on y pénètre, on y vit avec une certaine solennité mais également on sait que la sacralisation inhérente à ce lieu peut amener à des sensations dont la teneur n'est pas de l'ordre du simple quotidien. Si le corps est un temple il n'est pas seulement dévolu à des fonctions exécutrices. Il parle, il s'exprime, il demande, il bruisse, il vit, etc. Et quand la joie s'y installe, c'est avec une grandeur toute singulière qui ne peut qu'offrir des sensations de plénitude, voire de grâce.

Une autre chose me semble fondamentale : accepter le corps comme un temple de joie c'est faire la paix avec le monde et soi-même. Ce que je veux dire par là, c'est que nous pouvons ainsi entrevoir un « monde de l'après-guerre », une pacification vis-à-vis de nos propres demandes intérieures, un calme qui prend toute sa place et sa mesure. Car nous expérimentons la fragilité de la vie. Les épreuves que tout être humain est appelé à traverser sont souvent lourdes et conditionnent notre regard sur le monde.

Le mal, la mort, les blessures, les épreuves, etc., toutes ces difficultés finissent par créer des crispations qui nous instituent comme « guerriers » et nous amènent à lutter contre les éléments contraires. Mais entre une nécessaire réaction émotionnelle face à un désastre et une attitude continuelle de lutte il y a une différence notable. Or, force est de constater que beaucoup de personnes restent en alarme malgré tout, comme si elles avaient besoin de se préparer à un événement difficile qui va forcément arriver ! Laisser entrer la joie dans le temple du corps c'est se préparer à la permanence d'une paix intérieure, à la victoire de la pulsion de vie.

115

Il est évident que cette détermination n'est pas de l'ordre d'une pensée magique qui laisserait croire qu'ainsi rien de fâcheux ne peut arriver. En revanche, la notion d'un corps mobilisé pour une reconstruction sur des bases pacifiques permet d'aborder les événements de la vie avec une force croissante et solide. Nous ne pouvons en être que meilleurs dans nos choix et nos convictions, plus ardents dans nos déterminations, plus vivants dans nos rencontres et plus à même d'accepter et de recevoir l'enchantement du monde plutôt que son malheur.

Oser aller vers l'indicible

Il est difficile de tenter de traduire en mots simples et directs ce qui est de l'ordre d'une posture du corps et de l'esprit. Le mot posture laisse entendre qu'il y a comme une volonté de se tenir d'une certaine manière face à ce qui nous entoure. Et c'est bien cela : une façon de regarder le monde et de le laisser venir à soi. Ce que cela produit est de l'ordre de l'indicible mais il est bon d'aller vers cela, d'accepter de se mesurer à des espaces intérieurs où ce qui brille est uniquement résumable par le mot joie.

Nous avons vu que le terme même d'« aller vers » donne le sens d'un mouvement qui cherche à établir un contact, à se frotter à de l'autre que soi, à partager, à réunir les énergies, à les faire se concilier, se réconcilier, etc., c'est un dialogue. Bien entendu il n'y a pas de recettes pour être sûr avant même de le vivre que nous sommes sur le bon chemin. C'est le résultat que produit le mouvement en soi, qui valide le mouvement. Il faut donc accepter de prendre le risque de cette rencontre.

Lorsque l'on cherche à être en lien avec cette joie particulière inscrite dans le temple du corps et dans le centre de soi, ce ne sont pas les règles du développement personnel qu'il faut appliquer, car il ne s'agit pas de s'enquérir d'un mieux-être. Ce sont les voies étroites de la philosophie et de la sensation qu'il est bon d'emprunter, car il s'agit de construire un « plus être » davantage relié à une optique de spiritualité qu'avec l'hygiène de vie dans son sens le plus simple. En d'autres termes, on peut dire que ce n'est plus « chercher la joie » pour être bien qui est en jeu, mais s'offrir à la joie dans son corps sans retenue pour être « plus soi-même ». Il s'agit donc d'une philosophie incarnée, d'une philosophie qui laisserait entendre que le sourire intérieur ne peut se dire mais doit s'éprouver et se montrer. C'est accepter d'être visible dans sa joie. Et dans ce « montrer » de soi, réside l'idée que l'autre n'est pas recherché comme témoin de sa propre joie mais comme possibilité de l'augmenter.

Cet état d'esprit traduit un désir d'aller vers un toujours plus de connexion pour enrichir les espaces qui nous séparent des autres, un désir de mises en commun d'un imaginaire et d'un vécu partagés. Souvent, lorsque nous sommes en joie et que le corps entier participe, dans cette joie silencieuse et secrète qui peut nous envahir dans notre temple corporel, nous ne pouvons rien dire. Il ne peut se passer et se vivre que l'accord entre ce que nous ressentons et notre moi le plus profond. C'est une intimité essentielle entre soi et soi avec l'idée neuve que le monde est inscrit en nous jusque dans ses moindres vibrations. Il n'y a plus de fatigue possible mais une puissance conquérante et légère.

Il m'est arrivé au cours de mes consultations de recevoir des femmes et des hommes qui m'ont fait part de cet état de joie particulière. Ils ramenaient toujours cela au signe de la fin de leur thérapie. Comme si pouvoir se donner le droit d'accéder à ce lien (ténu et solide à la fois) entre soi et l'univers était la marque d'un équilibre psychique retrouvé. Ce qui pouvait sembler étonnant, c'est que parfois leurs symptômes étaient toujours là, mais comme minimisés, ramenés à une fonction non dérangeante. Comme si l'émotion de joie avait pris une telle place que la difficulté autrefois invalidante devenait gérable voire étrangère à soi. Toute joie est une forme de guérison. On peut même parler d'un gai rire ! Mais celle qui trouve son ampleur dans un corps enfin accepté et parfaitement vécu sans animosité prend une tonalité plus subtile et plus pertinente.

La sexualité

Il me paraît aller de soi que l'on ne peut pas parler du corps et de son lien sacré à la joie sans aborder la sexualité. Le corps est au centre du sexuel, il en est le pilier et le pivot. Et c'est dans l'espace corporel que l'accueil du corps de l'autre crée l'augmentation du sentiment amoureux, le désir et le partage sexuel. À ce titre, notre corps est une chance. Celle de pouvoir expérimenter dans un lien vivant les tremblements d'une joie directement incarnée. Mais il est bon, néanmoins, de préciser ce que j'entends par sexualité, afin de pouvoir mieux cerner en quoi faire l'amour peut être source et affluent de joies.

Une sexualité, des sexualités

Si nous lisons les nombreux ouvrages et articles qui paraissent régulièrement sur la sexualité, on s'aperçoit sans trop d'efforts à quel

118

point la sexualité y est souvent considérée du seul point de vue hygiéniste. L'idée défendue est ainsi que l'acte sexuel fait du bien, qu'il est bon pour la santé, qu'il nous offre un bon équilibre à la fois psychologique et physiologique. Tout cela est vrai, mais je crois important de souligner que nous n'avons pas qu'une seule sexualité. L'être humain est complexe et sa sexualité l'est également. Vouloir ramener le coït à la seule expression d'un acte naturel et empreint d'agréabilité est un peu limitant. C'est réduire la sexualité à un moyen efficace pour relâcher les tensions, une action antistress, une décharge. Si la sexualité n'est que cela ce n'est pas la joie que l'on peut lui associer mais plutôt la détente, la relaxation.

Heureusement l'être humain n'a pas qu'une relation de bien-être à la sexualité. Celle-ci raconte également d'autres choses. La sexualité peut nous amener sur le terrain du fantasme, de l'inconscient. Elle peut être le lieu de la rencontre avec notre morale, nos inhibitions, nos règles. Elle a un caractère individuel et collectif, car elle est aussi en étroite relation avec notre éducation et notre vécu. Et, *in fine*, la sexualité est aussi une aventure sacrée qui met le corps des amants dans un registre lumineux. Et c'est à cet endroit-là, me semble-t-il, que la joie trouve sa meilleure terre d'expression.

On pourrait croire, quels que soient les modes de sexualité exprimés, que la joie sexuelle est l'orgasme. Cela n'est pas si simple. L'orgasme est un point culminant dans la rencontre sexuelle mais il n'est pas obligatoirement le seul lieu de la joie. Il me semble plus juste de considérer que c'est l'ensemble du processus de la rencontre, de l'instant du désir à l'acmé du plaisir, qui est source de joie corporelle et relationnelle. Vouloir résumer la sexualité à cette seule recherche du moment orgasmique revient à la réduire à la libération des tensions et ne voir une joie possible qu'à l'endroit du lâcher prise. C'est oublier l'élan de l'un vers l'autre et la manière dont chacun occupe l'espace qui le sépare de l'autre. Et c'est dans cet espace également, nous l'avons vu, que peut venir chanter la joie.

Le sourire intérieur que l'on porte en soi, source de désir, ne peut trouver son amplitude que dans un ralentissement du geste et de la pensée et non dans une frénésie orgasmique, aussi agréable soit-elle. Lorsque je rencontre des couples dans le cadre de mon activité de thérapeute, ils viennent la plupart du temps pour une absence de désir. Celui-ci est parti depuis plus ou moins longtemps et ils en souffrent, leur sexualité s'est raréfiée, voire est devenue inexistante. Ce à quoi ils veulent arriver c'est à un retour du désir et non à une augmentation de la sexualité. La nuance est de taille. Et même si désir et acte sexuel sont liés, c'est d'abord le fait de retrouver la communication tendre qui est important. Ce que j'ai pu remarquer, en vingt années de consultations c'est que même s'il n'y a pas de recettes toutes faites, c'est par le retour à une dimension ludique de la relation que le désir reprend des couleurs. Les couples retrouvent cette joie simple à être ensemble, à se regarder, à gentiment se chamailler. En fait à revenir aux règles de l'enfance où rien n'a d'importance si ce n'est le fait de jouer l'un avec l'autre. Et de jouer à jouir il n'y a qu'un pas !

Sébastien et Dalila

Lorsque Dalila et Sébastien viennent me consulter, ils sont en couple depuis huit années. Ils ont très vite voulu avoir un enfant pour concrétiser la puissance de leur amour et se sont installés l'un et l'autre dans des rôles parentaux qui leur ont convenu pendant quelque temps. Mais le désir sexuel a quitté le navire et lorsque leur enfant a commencé à être un peu autonome, ils se sont retrouvés avec une immense douleur et une incompréhension qui les a amenés à venir me voir.

L'absence de désir était le symptôme, le prétexte à se poser les bonnes questions sur leur couple et son avenir. Mais très vite ils se sont aperçus que ce dont ils avaient le plus besoin c'était de la tendresse. Retrouver la joie de vivre à deux était le seul chemin acceptable et fiable pour eux. Ils l'ont traduit assez vite par un besoin de retrouver le rire ensemble. Eux qui étaient joyeux et ouverts sur le monde s'étaient en effet refermés sur leur bonheur qui était vite devenu comme encombrant et restreint !

Ce qui les a aidés a été de renouer avec des décisions simples mais dont ils avaient perdu le mode d'emploi : faire garder leur enfant, aller plus souvent au restaurant, passer des nuits à l'hôtel, parler plus d'eux en tant que couple amoureux et non en tant que parents, etc. Ils avaient une sexualité épanouie au début de leur relation. Ce n'est pas cela qu'ils ont retrouvé. Ils ont accepté d'avoir changé, d'être plus matures, et retrouver la joie les a mis sur la route d'une sexualité plus ludique, sans enjeu majeur si ce n'est celui de la rencontre avec une joie neuve. C'est également à la connexion d'un corps comme temple qu'ils ont pu accéder.

Dalila et Sébastien se sont posé des questions sur leur rapport au corps, le leur et celui de l'autre, ainsi que sur la manière dont ils le vivaient. Ils en sont venus à se dire que seuls le respect et l'écoute attentive pouvaient les aider à restaurer le désir du corps de l'un pour le corps de l'autre. Ce fut une grande leçon que de prendre soin de la peau, du regard et de découvrir que les zones non directement érogènes d'un corps sont aussi des zones sensibles et sacrées. Je me souviens de ces mots de Sébastien : « Je ne regarde plus le corps de Dalila avec envie. Je regarde Dalila et je la découvre dans ce corps-là ! » Le mouvement est important car il passe par une prise en compte de l'autre comme identité et non comme simple espace corporel sur lequel on projetterait ses envies.

Sacraliser la sexualité : ralentir, honorer, énergiser, retrouver, dédramatiser, expérimenter !

La notion de sexualité sacrée est fondamentale pour comprendre le lien possible entre le plaisir et la joie. Il s'agit d'une sexualité dans laquelle on respecte un certain nombre de critères que je pourrais traduire ici de manière dynamique par cinq verbes : ralentir, honorer, énergiser, retrouver, dédramatiser. C'est du vécu de ces cinq verbes mis en action que peut naître une joie irradiant les corps et les esprits dans la sexualité. Il s'agit d'une base active qui modifie de fond en comble le rapport à une sexualité quantitative et désordonnée qui ne chercherait que des plaisirs fugaces et précipités.

Ralentir

Nous faisons certaines actions de tous les jours sans même nous en rendre compte. Ainsi marcher ou respirer. Dès que nous décidons de mettre la conscience dans notre marche, nous ralentissons automatiquement notre mouvement, accentuant ainsi le ressenti de ce geste simple et habituel. Nous éprouvons alors des sensations nouvelles.

Il en va de même pour la sexualité. Dès que l'on cesse de précipiter son désir vers l'autre par des gestes parfois frénétiques, on se rend mieux compte du grain d'une peau ou de la qualité d'un regard. Le ralentissement crée une suspension du temps qui aiguise la montée du plaisir et semble l'allonger, la distendre agréablement. Dès lors ce n'est plus l'achèvement du désir dans le plaisir qui est essentiel (c'est l'une des fonctions de l'orgasme), mais sa durée dans la conscience de l'ici et maintenant.

Ralentir dans la sexualité veut également dire prendre davantage la mesure de la présence de l'autre. Ainsi ce n'est pas son propre et unique plaisir qui devient important, mais comment celui-ci peut vivre et se développer à côté du désir de l'autre. Le partage n'en est que plus grand, et chacun des deux protagonistes profite de l'expansion de l'autre pour amplifier la sienne. Il n'y a plus de précipitation mais une conscience de l'expansion qui est en cours. On ne cherche pas à épuiser mais à vivre le désir, qui devient plus palpable parce qu'il se retrouve au cœur des corps et des regards.

Ralentir c'est tout simplement se donner le temps. Le temps pour échanger et placer la sexualité sous l'égide de la rencontre merveilleuse avec un(e) autre. Le centre de la sexualité, son alpha et son oméga, est alors le lien à l'autre et non la recherche de la seule jouissance, qui devient secondaire.

Honorer

La mise en action de ce verbe dans la sexualité est au centre même de la dimension sacrée de l'acte d'amour. Honorer veut dire que l'on prend le temps de rendre grâce à l'instant présent, à soi, à l'autre. Comme si la réunion des deux corps à l'instant même du désir et de son amplitude n'était pas le fruit du hasard mais celui d'une nécessité interne secrète et lumineuse. Mais honorer veut dire également prendre soin de ce qui se passe et donner au corps de l'autre et à son plaisir toute l'attention aimante dont il a besoin.

Il s'agit d'une forme de prière païenne qui ne s'adresse à aucun dieu mais à chaque parcelle des corps en réunion. Ainsi, chaque geste et chaque intention sont chargés du désir de rencontrer l'autre dans sa dimension la plus belle et la plus haute.

Dans le fait de ralentir comme dans celui d'honorer, nous nous donnons la possibilité de toucher une beauté de l'instant. Faire l'amour prend alors la forme d'un poème où les peaux s'aiment. Et c'est de cette alliance que naît la joie, signe du remerciement que les corps se font au travers du partage du plaisir.

Bien sûr la dimension spirituelle est directement au rendez-vous, mais cela n'implique pas une sexualité dénuée de fantasmes ou de fougue. Honorer laisse entendre la capacité à accueillir l'autre dans toutes les dimensions de sa sexualité, y compris dans ses folies. Mais celles-ci sont partagées en toute conscience et donne la chance à l'inattendu de se glisser au cœur même du dialogue sexuel. Honorer un acte c'est lui marquer du respect et de la considération. La sexualité sort alors du champ de l'obligation pour entrer dans celui de la célébration. Le vocabulaire sensuel est enrichi dans sa plus haute fonction.

Jérôme

« J'ai passé ma vie sexuelle jusqu'à l'âge de 35 ans avec l'idée que l'important pour mes partenaires était la bonne utilisation de mon pénis. Je me suis donc efforcé d'être toujours performant, toujours disponible, toujours source de plaisir pour l'autre. Jusqu'au jour où j'ai eu "une panne". Je n'ai pas compris ce qui m'arrivait. Ma compagne d'alors ne m'a pas dit (comme font souvent les femmes) : "Ce n'est pas grave mon chéri." Elle a pris mon sexe dans ses mains et a commencé à lui parler avec une douceur et une tendresse

qui m'ont amené les larmes aux yeux. "Que fais-tu ? », lui ai-je dit, déconte-
nancé. "Il a besoin d'être honoré pour se sentir aimé, m'a-t-elle répondu. Je le
fais parce que tu ne le fais pas assez !" Ce fut un moment inoubliable. On
pouvait honorer un sexe ! On pouvait lui parler ! Cela a changé mon rapport
à la sexualité pour toujours. Et chaque fois que j'ai une relation sexuelle, je
me dis que j'honore mon corps et celui de ma partenaire. »

Le témoignage de Jérôme est éloquent. J'ajouterais qu'au-delà du
fait d'honorer son corps ou celui de l'autre dans l'acte sexuel, c'est
la sexualité elle-même voire l'amour qui est honoré. Ce qui procure une joie unique !

Énergiser

Pour faire l'amour en étant dans le désir il est nécessaire de mobi-
liser en soi une certaine dose d'énergie. Sans elle les corps sont
amorphes et sans vie. Le désir nécessite aussi un minimum de
détermination agressive. Cette agressivité est saine si elle se nourrit
à la joie d'être avec l'autre. Elle devient néfaste si elle se base sur un
jeu de pouvoir où l'important serait la possession et son seul plaisir
au détriment de celui de l'autre.

Énergiser la relation veut dire que l'on a pris conscience et que l'on
a su activer les lieux du corps où la joie se terre, comme en attente
d'être réveillée. J'ai parlé dans la troisième partie de la notion de
lieux du corps. C'est ici que cette notion trouve toute sa justification. Ainsi les mains, les bras, le ventre, le sexe et le bassin s'emplis-
sent d'un carburant tonique fait de gaieté et de chaleur intérieure.
Lorsque cette chaleur est entièrement concentrée dans le plexus cardiaque, en plein cœur, le terme « faire l'amour » prend tout son sens.

L'arrivée du tantrisme en Occident dans les années 1960-1970 a beaucoup œuvré pour l'acceptation de cette dimension énergisante de la sexualité. La notion de chakras, ces roues d'énergie réparties le long de la colonne vertébrale et activant leurs puissances au cours du rapport sexuel, a dès lors donné un sens à l'énergie sexuelle telle qu'elle avait été imaginée ou pressentie par plusieurs penseurs de la psychanalyse tels Carl Gustav Jung, Sigmund Freud et surtout Wilhelm Reich (1897-1957). L'activité sexuelle prit ainsi d'un coup un sens différent de celui de la seule décharge dans l'orgasme ou du seul bienfait hygiéniste. Pour le tantrisme, faire l'amour revient à partir à la recherche de sensations énergétiques puissantes et libératrices pour l'esprit. Et même sans être un adepte assidu du tantrisme, des mots comme *chakra*, *kundalini*[1], montée d'énergie, etc., sont utilisés couramment pour parler d'une sexualité énergétique.

Où est la joie dans cette vision particulière de la sexualité ? À vrai dire, et au-delà du tantrisme bien entendu, c'est d'une énergie joyeuse dont on parle ici. Une énergie apte à soulever les corps et les âmes et à les amener, à partir de la sexualité, à des sensations où toutes les émotions sont convoquées, principalement celle qui consiste à embrasser le monde sans condition et sans calcul. Et cela ressemble étrangement à une joie profonde et corporelle.

---

1. La *kundalini* est une puissante énergie, représentée par un serpent lové sur lui-même à la base du coccyx. La méditation permet son éveil et sa remontée le long de la colonne vertébrale depuis le sacrum jusqu'à la fontanelle. Le déploiement de la *kundalini* conduit à la plus haute connaissance de soi-même.

Retrouver

« Notre seul pays est le perdu », dit très justement l'écrivain et poète Pascal Quignard (*Vie secrète*, Gallimard, 1998). Ce qu'il énonce par ces mots c'est combien nous sommes à la recherche de l'innocence de l'enfance et combien nous nous échinons dans nos actes et nos pensées à retrouver la marque de ces moments où la peur et l'angoisse n'avaient pas d'emprise sur nous. Des moments où l'impression de pouvoir conquérir le monde est concrète.

Dès que la sexualité prend une couleur sacrée c'est cette impression de retrouvailles avec l'innocence et la force qui prévaut. Nous sommes en terre connue. L'autre est un habitué de nous-mêmes. Les territoires corporels s'ouvrent, les frontières s'abolissent. Chacun est le semblable de l'autre dans sa différence même. C'est un retour à la fusion primitive d'avec la mère ; une symbiose essentielle qui se joue et se rejoue.

Mais nous ne nous perdons pas. Bien au contraire, nous nous retrouvons, et ce mouvement est accompagné d'une joie indéniable à être, à respirer, à aimer, à jouir, à vivre, etc. Ces retrouvailles ne sont pas de l'ordre du seul concept. C'est un ensemble de sensations bien précises et subtiles que l'on ressent en présence de l'autre. Le corps est envahi par l'émotion d'un contact avec l'habitude fondamentale à être heureux dans le dialogue des corps. Lorsque j'évoque le lien symbiotique à la mère, cela ne veut pas dire que nous considérons notre partenaire comme notre mère, mais que le faisceau de perceptions qui est le nôtre nous ramène à cet endroit précieux où tout est simple et sécurisant. Et où la joie d'être est associée à la montée du plaisir et à l'ouverture désirante.

Dédramatiser

« Je viens vous voir parce que ma vie sexuelle est triste » ; « Je ne sais plus quoi faire pour avoir des orgasmes » ; « Je ne désire plus mon compagnon, si cela continue notre couple va exploser » ; « J'ai des problèmes d'érection. Je ne suis plus un homme », etc. À l'heure de la sexualité présentée comme une chose allant de soi de manière omniprésente dans les médias, on entend, au contraire, dans les cabinets de consultation psychothérapeutique une plainte continuelle. Cette plainte est la marque d'une vision dramatique de la sexualité. En disant cela je ne cherche pas à minimiser les souffrances exprimées mais à souligner combien la vie sexuelle de beaucoup de nos contemporains est difficile, contradictoire et souffrante. Il va donc de soi que l'apprentissage d'une nécessaire dédramatisation peut être extrêmement aidant pour trouver le chemin vers une sexualité sacrée et joyeuse.

Dédramatiser veut dire cesser de concevoir la sexualité comme le lieu du combat perpétuel entre deux personnes. C'est refuser la lutte de pouvoirs et accepter d'avancer dans le plaisir avec sa vulnérabilité et ses fragilités. Pour cela il faut quitter la recherche absolue de performance et la dimension quantitative de la sexualité pour en accepter les valeurs qualitatives uniquement.

En effet il est très marquant de se rendre compte à quel point la dramatisation sexuelle s'accompagne de l'expression de peurs et de besoins de réassurance. S'éloigner de ces peurs en les comprenant et en cessant de s'identifier à elles nécessite un travail thérapeutique approfondi. Mais au-delà d'un travail sur soi conduit avec un thérapeute, on peut arriver à des vécus de la sexualité qui se rapprochent d'une dimension épanouie et pleine. Pour cela il est nécessaire d'installer un dialogue constant dans la relation amoureuse afin que chacun des partenaires soit dans la plus grande conscience possible de ce que représentent le désir et le plaisir pour l'autre. De toute évidence, si l'on veut construire une sexualité dégagée de toutes peurs, il faut parler régulièrement avec l'autre et entretenir un espace de confiance que seule la parole régulière peut permettre.

Idées reçues, idées fausses

Lorsque tous ces verbes sont rendus actifs, la dimension sacrée de la sexualité s'installe d'elle-même. Ralentir, énergiser, honorer, dédramatiser, retrouver, etc., voilà les bases concrètes de la construction d'un monde sensuel où la joie intérieure peut trouver sa place et son essor. À y regarder de près, tout cela ne demande pas d'efforts particuliers mais bien une capacité à pouvoir lâcher certaines idées reçues sur ce que doit être la sexualité. Ces idées sont inscrites dans la culture sociétale et obligent chaque individu à s'y conformer selon des informations données de manière inconsciente et véhiculées par l'éducation principalement. Ces idées reçues tournent, de manière générale, autour de la place des hommes et des femmes dans la sexualité. Ces places, en dépit des changements de société, restent figées. L'homme est encore le conquérant et le possesseur de la sexualité et la femme un réceptacle pour son désir. L'autre idée reçue majeure est que l'épanouissement sexuel se mesure à la quantité de relations que l'on peut avoir.

Évidemment, il y a plein d'idées fausses sur la sexualité et un livre entier pourrait leur être consacré. Néanmoins la plupart tournent

129

autour des deux pôles que je viens de nommer. Et il est clair que la vision de la sexualité s'en trouve grandement handicapée. Aussi admettre que vivre sa sexualité c'est la placer du côté de la joie, revient à se pencher sur soi et sur ce qui constitue son désir personnel. Ce n'est ni plus ni moins que la mise en écoute de son besoin propre débarrassé des clichés et des obligations. C'est réactiver la notion d'instant présent dans ce qu'elle a de plus dynamique et jouissif. C'est partager sa joie en fonction de ce qui est, là, maintenant dans les corps qui se parlent et non ce que l'on devrait faire ou dire. Une sexualité sacrée ne peut s'inventer que dans l'espace d'un présent pleinement vécu. Comme nous l'avons vu la joie possède dans son expression une immédiateté qui lui donne toute sa saveur. Vivre cet immédiat dans le dialogue sexuel c'est admettre d'être parfaitement en présence de soi et de l'autre dans la conscience d'un moment vécu comme unique et non reproductible à l'envi.

Expérimenter

Un autre verbe peut s'ajouter aux cinq précédents : expérimenter. En effet, si la théorie a du bon, elle ne peut trouver son essor et sa justification que dans son incarnation. La sexualité est le règne du corps, nous en avons parlé. Et se donner la chance de pouvoir aller vers ces univers parfois inhabituels pour beaucoup d'entre nous ne peut passer que par le « risque » d'une expérimentation. C'est là tout le lien entre la joie et la sexualité. Il s'agit d'une expérience qui s'inscrit dans la réalité des choses. Se donner le droit et la chance d'expérimenter c'est accepter de modifier ses points de repère habituels et de s'ouvrir à la surprise. La joie est typiquement constituée par ce monde de surprises, et le sourire intérieur permanent qu'elle suppose est associé à l'affirmation de sa présence au monde. Dans cette dimension singulière de la sexualité sacrée (synonyme de joie à mon sens), il y a comme une volonté de se laisser traverser par des sensations d'expansion, d'ouverture, d'agrandissement de ses capacités à ressentir, recevoir, donner…

Redisons-le, nous ne pouvons laisser cela du seul côté de l'hypothèse et de la théorie. L'expérimentation, à un moment ou à un autre, s'impose. Ce qui est sûr c'est que le fait d'expérimenter, de chercher, nous éloigne des gestes stéréotypés et des habitudes limitantes. La joie associée à la sexualité est une promesse qui se vit et se partage. Et la sexualité devient un « terrain de jeu » qui ramène à la fois à l'innocence de l'enfant, mais également à une maturité relationnelle affective et jouissive.

De la joie à la jubilation

8

Il existe un au-delà de la joie : la jubilation. La joie, comme nous l'avons vu, a des visages multiples et illumine nos vies par intermittence. Elle est une ressource importante pour nous permettre de traverser nos vies avec à la fois force et délicatesse. Néanmoins, lorsqu'elle est inscrite dans nos cellules comme une composante de nous-mêmes, elle prend une couleur singulière que je qualifierais ici par le terme de jubilation : une sérénité profonde qui se vit et se partage. La joie se vit et s'éprouve, la jubilation également. Le sourire intérieur peut, lui aussi, être cette jubilation intime que nous pouvons ressentir à l'occasion de moments particulièrement forts et signifiants.

Rencontre avec des hommes remarquables

Je voudrais partager ici deux expériences personnelles liées à cette notion de jubilation et montrer comment j'ai pu passer d'un état tout à fait simple et quotidien à l'impression très particulière de vivre une expérience profonde et bouleversante. Dans les deux cas il s'agit d'une rencontre avec une personnalité que je qualifierais de remarquable.

Ces deux rencontres sont remarquables par l'intensité joyeuse qui a pu émaner d'elles et que j'ai pu saisir, et par la façon dont cette intensité a pu créer en moi cette sensation de jubilation si étonnante.

Taisen Deshimaru, le maître zen

Il y a de cela plusieurs décennies, je passais des vacances près d'Avignon avec quelques amis. J'étais à l'époque jeune étudiant en philosophie et psychologie et je vivais ces vacances comme un moment de répit au cœur d'une année universitaire éreintante. Enfin je m'octroyais plusieurs jours sans révisions et sans partiels ! À l'occasion d'une promenade dans la cité des papes, je reste en arrêt devant une affichette annonçant le soir même une conférence de Taisen Deshimaru sur le zen. Je ne connaissais rien de cette approche philosophique orientale et, pourtant, je me disais qu'il fallait aller à cette conférence. Ce que je fis.

Je me retrouvais donc dans une grande salle bondée. Comme j'étais arrivé dans les derniers, je ne pus prendre place que derrière une personne dont le dos droit et imposant m'empêchait de bien voir l'espace où allait officier le conférencier, en l'occurrence maître Deshimaru. Je ne savais pas ce que je pouvais attendre de ce moment aussi je restais complètement ouvert et réceptif. Ce que je vis fut un homme détendu, heureux visiblement, mais surtout joyeux.

Taisen Deshimaru nous parla du zen, de ses racines, de sa philosophie, mais je fus surtout marqué par la sérénité joyeuse qui émanait de cet homme. Et je fus surpris de me sentir envahi par une légèreté que je ne me connaissais pas. Ce n'est pas ce qui se disait qui importait mais ce que je vivais et comment je le vivais. J'avais laissé mes amis et j'étais venu seul, je commençais à saisir pourquoi : l'expérience de jubilation que je commençais à vivre ne m'était destinée qu'à moi seul. Et il fallait que je la partage avec les personnes présentes dans cette salle ! Toutes d'illustres inconnus !

Comment définir après coup cette sensation de liberté présente en moi ? Chaque parcelle de mon corps semblait résonner au travers des mots simples que Taisen Deshimaru nous délivrait de sa voix grave et profonde. Il y avait comme une évidence à être là, et la notion de hasard perdait d'un coup toute sa légitimité.

Revenu à Paris dans les jours qui suivirent, je me retrouvais au dojo zen du 14ᵉ arrondissement. Je m'attendais à ce que l'on m'initie réellement et précisément à la méditation assise zen, le zazen. Au lieu de cela on me donna un petit coussin rond et on m'invita à faire comme les autres : m'asseoir, méditer, respirer, laisser venir la grâce de l'instant présent… Je m'installais donc et me retrouvais derrière le même dos imposant et droit qu'à la conférence en Avignon ! Mystère des correspondances ! Le même homme devant moi, me bouchant la vue… cette fois-ci sur un mur nu et simple !

Ne sachant comment faire, je cherchais à reproduire ce que je devinais chez les autres. Je respirais, je souffrais, mes genoux me faisaient mal mais je tenais bon car j'avais fait de ce dos un « ancrage ». Je restais droit comme lui, je tenais comme lui… Et quel ne fut pas ma stupéfaction lorsque l'homme assis devant moi se leva et que je reconnus le célèbre chorégraphe Maurice Béjart ! Il m'avait

« accompagné » à Avignon, il était là à Paris et, soudain, il m'ouvrait l'espace, laissait mon œil contempler le mur blanc qui s'offrait à moi d'un coup ! Je repensais à Taisen Deshimaru, à la sérénité fluide qui se dégageait de lui, et quelque chose « lâcha » en moi, comme un voile se déchirant, un éclair de joie qui envahit mes pensées. La douleur disparut et j'eus l'impression d'entrer dans un univers de sensations inconnues !

Je ne sais pas, encore aujourd'hui, quelle signification donner au dos de Maurice Béjart, mais ce qui est sûr, c'est que l'ensemble de ce processus m'amena à une joie ressentie comme « autre chose que de la joie ». Un sentiment d'être vivant et de sentir le bonheur d'être dans la vie. C'est cela la jubilation : être dans la vie, s'y baigner, s'y plonger et y rayonner. Ce n'est pas être vivant mais être *dans la vie*… Une sensation d'immersion sans aucun doute, ni questionnement particulier.

Si je raconte cette histoire personnelle c'est bien pour partager le fait qu'au-delà des données théoriques qui permettent de saisir comment s'organise l'émotion joyeuse, il existe un état particulier qui surprend lorsqu'il émerge en nous. Cet état est un inattendu pour le conscient mais j'ai tendance à penser que notre inconscient l'attend, lui fait de la place, et qu'à la faveur d'événements rationnellement inexplicables, tout concorde en un point, en un instant, pour que nous nous sentions envahis par la magie de la vie et que nous éprouvions cette sensation d'être dans l'instant de la jubilation.

Il m'est souvent arrivé d'entendre mes patients me parler d'expériences similaires à celle que je livre ici. Il ressort fréquemment l'idée que ce serait bien que la vie soit toujours gouvernée par ces émotions-là tant elles sont fondatrices d'une adhésion à la pulsion de vie, à l'*eros*. C'est la construction en profondeur d'un enthousiasme, d'une euphorie.

Alexandre Jollien, le philosophe

Une autre entrée soudaine et inattendue dans ce sentiment jubilatoire eut lieu pour moi lors d'une conférence d'Alexandre Jollien à Montreux. Alexandre Jollien est un philosophe particulier. Il ne correspond pas à l'image du penseur isolé dans sa tour d'ivoire uniquement préoccupé par les circonvolutions de sa propre pensée. Bien au contraire, il est immergé dans la vie et ses problématiques directes.

Alexandre Jollien est un philosophe de l'instant. Avant de le rencontrer et de l'entendre, je savais qu'il était handicapé (il souffre d'une infirmité motrice cérébrale depuis sa naissance) et qu'il avait passé dix-sept ans dans une institution pour personnes déficientes. Mais ce fut un véritable choc que de serrer la main d'un homme dont le corps était, visiblement, en totale contradiction avec l'esprit. Un corps disloqué, brinquebalant. Tout l'inverse de ce que l'on s'attend à rencontrer en matière de philosophie. Et pourtant…

Aujourd'hui. Je ne me souviens plus du thème précis de la conférence. De toute manière il parla de lui, de sa vie, de ses émotions. Il évoqua beaucoup la notion du « présent du présent » et cita cette phrase de Sénèque tirée de la *Lettre à Lucilius* : « Tu dépendras moins du lendemain quand tu auras mis la main sur l'aujourd'hui. Pendant qu'on la diffère, la vie passe en courant. »

À observer cet homme empêtré dans un corps si particulier je me disais qu'il lui avait fallu beaucoup de courage pour dépasser son handicap et venir nous parler avec tant de candeur de l'amour, de la joie et du temps présent. Et puis me vint l'idée que ce n'étaient que mes projections qui me faisaient dire cela et que peu importait le lien au corps. Jollien était au-delà de cela, il avait traversé des souffrances inouïes mais, finalement, comme tout un chacun, et ce qui comptait c'était cette énergie douce et bienfaisante qu'il instillait en chacune des 600 personnes présentes dans la salle !

Ce qu'Alexandre Jollien m'apprit c'est que la joie part du corps et y revient, mais également qu'elle transcende le corps pour nous amener dans des contrées spirituelles indéfinissables et puissantes. Je sais que dire cela va à l'encontre de ce que j'ai pu développer dans certaines pages de ce livre. Mais la philosophie et la vie se construisent avec des contradictions et des paradoxes. Oui le corps est un temple pour y accueillir la joie. Mais lorsque le corps manque et défaille, la joie peut y trouver sa place, malgré tout… Et Alexandre Jollien en est un exemple parfait !

Lors de cette conférence je fus envahi par une suite de sensations : la curiosité intellectuelle, la tendresse pour le conférencier, la surprise et la jubilation. Je n'envisageais pas la possibilité d'un ressenti jubilatoire avant cette conférence. Et ce fut de nouveau par surprise que je me sentis happé par cette sensation si particulière et nette d'être dans le monde à l'endroit où je me situais. Tout comme pour Taisen Deshimaru, cela se produisit au cours d'une conférence et au milieu d'autres personnes. Cela m'appartient et ne veut pas dire que ce sont là les conditions *sine qua non* pour que la jubilation se ressente. D'ailleurs ce que j'évoque ici au travers de ces deux rencontres sont les prémices de la jubilation, la manière dont j'ai pu la toucher, la vivre, la laisser grandir en moi. Car ce qui importe est comment des événements comme ceux-ci, qui ouvrent des zones de sensations inconnues, peuvent aider, ensuite, à prendre des décisions et à agir en toute tranquillité.

Taisen Deshimaru et Alexandre Jollien m'ont bouleversé à des dizaines d'années d'intervalle. Ce n'est pas ce bouleversement qui fut joie mais plutôt la manière dont ce bouleversement continue à germer et à éclore en moi. La joie peut être considérée comme une émotion qui se reçoit et se vit. La jubilation permet d'agir et de poser des actes avec sérénité.

Le sourire intérieur...

La joie accompagnée d'une grande jubilation, c'est cela le sourire intérieur : un élan qui permet de vivre au plus près de soi. Ce que l'on trouve en ses plus plaisantes profondeurs c'est une capacité à prendre un juste recul sur les aléas de la vie. Il ne s'agit aucunement d'un désintérêt ou d'une désinvolture mais une manière de distancer la souffrance, de ne pas être atteint de plein fouet par le malheur et de se laisser la possibilité d'agir sur lui avec justesse. Nous ne sommes ni anesthésiés ni anéantis. Nous restons vivants et lucides.

Dans l'*Éthique*, Baruch Spinoza parlait de la « permanence d'une joie souveraine et parfaite ». Pour lui cette joie se vivait au contact de la nature et de soi, dans ce lien ténu et intime entre ce que nous sommes et ce qui nous entoure. Le grand philosophe avait saisi combien la joie est une participation et que si elle nous donne du recul sur les choses, c'est ce recul même qui est une participation juste au monde car il nous permet de ne pas être essentiellement gouvernés par nos passions mais par notre désir. Or le désir est une action, une transformation. Les passions disent notre esclavage à ce qui n'est que pulsionnel (donc non réfléchi) en nous.

Jubiler et triompher

Jubiler signifie éprouver une joie intense mais aussi exulter et triompher. Que veut dire triompher lorsque l'on parle de joie et de sourire intérieur ? Il ne s'agit en rien d'une victoire sur l'extérieur et d'une médaille symbolique qui nous rendrait supérieurs à d'autres. Le triomphe qui nous emplit est une victoire sur soi-même. C'est la manière dont nous avons réussi à dépasser nos démons, nos peurs, nos doutes, pour accéder enfin à une métamorphose qui nous met définitivement au contact de notre joie à vivre.

Il y a me semble-t-il dans ce travail que nous faisons sur nous-mêmes (patiemment et profondément) la mise en place d'une responsabilité qui petit à petit se fait jour. Nous devenons responsables de notre monde intérieur et de la manière dont nous le partageons avec les autres. Il ne s'agit plus de se laisser aller et de ne répondre qu'aux demandes de nos pulsions mais de cultiver nos espaces de joies pour grandir en soi-même et offrir cette maturité à celles et ceux qui nous entourent. Nous sommes sur la voie et nous construisons ce sourire intérieur qui nous permet de communiquer au plus juste et au plus secret avec le monde.

Jubiler et triompher sont donc deux verbes qui doivent nous pousser à développer chaque jour notre capacité à devenir des « militants de la pulsion de vie ». Lorsque nous rencontrons ces émotions parfois mystérieuses et irrationnelles, comme j'ai pu les ressentir au contact de Taisen Deshimaru ou d'Alexandre Jollien, nous devons accepter d'être transformés et de mettre en place en nous une nouvelle organisation.

La joie : une révolution !

Le mot révolution est double. Il peut évoquer l'idée d'un changement radical, parfois violent, comme il peut traduire l'idée de quelque chose qui reviendrait à son point de départ dans une dynamique cyclique continuelle. En fait on peut dire que la joie est tout cela à la fois. Lorsque nous avons la chance de vivre des instants de joie et que ceux-ci s'inscrivent en nous de manière permanente, nous entrons dans une révolution intérieure. Cela ne peut que bouleverser nos assises et régénérer notre manière de concevoir notre lien au monde. Mais nous revenons aussi, comme je l'ai indiqué au début de ce livre, à une part d'enfance qui se réactualise et s'amplifie dans un corps adulte et mature.

La joie nous bouleverse et nous ramène à des lieux de nous-mêmes où chaque chose semble être une source perpétuelle de découvertes et d'étonnements. La révolution de la joie demande une adaptation importante tant nous sommes éduqués dans la vision souffrante du monde et des êtres. Ce que nous apprenons, c'est que la joie n'enlève pas cette souffrance mais qu'elle nous donne une arme précieuse pour la combattre avec sagesse, détachement et efficacité.

Nous avons vu que la joie véritable n'est pas qu'une dérision et une façon de se cacher du désarroi pour le fuir. Ce qu'il est bon de souligner maintenant, c'est combien le sourire intérieur qui nous soutient et nous élève est un outil de modification de la réalité.

Nous ne regardons pas le monde de la même façon pour peu que nous soyons en phase avec notre énergie de joie et, de fait, nous changeons le monde à partir de cette joie et non en fonction d'un état de révolte réactive ou d'une déprime. La joie devient donc une révolution possible pour amener ce qui nous entoure à être plus brillant, plus tonique, plus humain. La joie devient une douleur constamment transmutée en possibilités d'actions transformatrices régénérantes.

Voir les choses ainsi redonne de la vigueur à ce que nous vivons, et la jubilation une promesse d'installation dans ce que nous sommes au meilleur de nous-mêmes. Cela n'est ni une platitude ni une façon éthérée de voir le monde mais bien une motivation profonde pour modifier constamment le réel et l'amener à être au plus proche d'une joie précise, repérable, toujours vivable.

Freud, en son temps, avait parlé d'un « sentiment océanique », que je rapproche ici de ces sensations joyeuses et intériorisées. Et cette révolution interne est le signe d'un chemin qui s'est fait depuis le symptôme, la difficulté à être jusqu'à l'acceptation de sa condition humaine dans toute sa fragilité mais également sa plénitude. Le « sentiment océanique » freudien n'est pas qu'un retour symbolique à l'état fœtal, qui est un état d'indifférenciation. Il traduit également le parcours d'un être humain qui a su trouver en lui-même la capacité de jouir de ce qui est et de ce qui le ramène constamment à la joie incarnée. Il y a comme un retour à une béatitude des débuts. Une manière d'entrer en relation avec toutes choses sans calcul et sans peur. Cela s'appelle aussi tout simplement le plaisir de vivre.

En guise de conclusion, vivre pleinement la joie

L'éclosion de la psychologie humaine au début du XXe siècle a mis la notion de sujet au centre du débat. Nous avons pu comprendre à partir de la psychanalyse et de ses ramifications combien il était important d'apprendre à dire « je » et à se différencier des autres. Cela sous peine de se « perdre » dans les autres et de ne pouvoir construire une véritable identité. Nous avons donc appris à nous différencier et à revendiquer la construction de notre individualité comme un dû indéfectible. Cela est bien et constitue un pas considérable de l'être humain vers la construction de sa liberté individuelle. Mais peut-être nous faut-il aujourd'hui reconsidérer notre place dans le corpus social et réinvestir les espaces collectifs où l'échange, la solidarité, la compréhension et l'empathie ont leurs rôles à jouer. Il nous faut trouver ce qui nous réunit et nous permet d'appartenir à la grande famille humaine avec cohérence et authenticité.

Le chantier est vaste tant la notion de frontières s'abolit de plus en plus et que nous partageons un vécu commun d'un bout à l'autre de la planète, appartenant ainsi à un village universel dont nous sommes responsables à nos échelles collectives comme individuelles.

Placer sa vie sous le signe de la recherche patiente et obstinée d'une joie qui perdure en soi et chercher à partager celle-ci avec celle des autres semble être une voie noble.

La joie est un vocabulaire universel. Elle donne la main d'emblée. Elle ne calcule pas et n'inféode pas l'autre à sa puissance ou à son vouloir. La joie est d'emblée égalitaire. À être pleinement dans la joie et à la vivre intensément nous ne perdons pas notre gravité, nous ne devenons pas plus « légers » dans le sens péjoratif que ce terme peut avoir. Nous sommes, au contraire, plus grands, plus à même de partager et de comprendre. Car vivre pleinement la joie donne de la conscience et de la présence. Il ne s'agit pas de chercher à jouir sans retenue et de profiter rapidement et avidement de nos acquisitions. Vivre pleinement la joie c'est au contraire prendre le temps de savourer, d'apprécier. C'est dire à l'autre dans un éclat de rire combien sa présence est bonne à notre élévation personnelle. C'est avouer sa fragilité d'être sans la charger du poids d'une mélancolie morbide. C'est également se tenir debout et solide dans la puissance de la vie et aider ainsi les autres à y accéder.

La joie est une proposition de modélisation du rapport au monde. Dès que nous sommes en contact avec elle, elle nous entraîne à un regain d'espoir et d'action. La joie est tout sauf un « baisser les bras » sinistre.

De solitaires nous pouvons passer à solidaires.

On pourra toujours reprocher à ce livre un optimisme que certains trouveront béat. Je reste pour ma part persuadé que le sourire intérieur dont nous pouvons nous vêtir, pour peu qu'on fasse le chemin vers lui tout au long de sa vie, est le plus bel habit pour franchir les ponts du silence et habiter les contrées de la parole partagée.

J'ai reçu pendant plusieurs années en thérapie François, un artiste qui se revendiquait « chercheur de joie ». Sa vie n'avait été ni plus ni moins fracassée que celle de qui que ce soit. Néanmoins il portait en lui une tristesse incommensurable réactivée par le décès prématuré de son épouse. À l'époque, le terme de « chercheur de joie » m'avait interpellé. Je ne saisissais pas vraiment ce qu'il voulait dire par là. En fait il voulait guérir son désespoir par la peinture et trouver soit dans une toile, soit dans le fait de peindre l'énergie de joie qui lui avait toujours manqué pour vivre plus heureux.

Et il y parvint. Non pas dans son art mais dans la relation thérapeutique qu'il avait avec moi. Loin de moi l'idée de dire que ce fut grâce à moi. Ce fut le lien qu'il établit entre nous qui l'aida. Un lien où il se fit confiance pour dire et avouer ce qu'il n'avait pas pu dire et avouer ailleurs. En fait il reconnut sa peur de contacter des espaces positifs en lui alors qu'il n'avait que l'expérience de la perte et de l'abandon. Il me dit un jour : « Je cherche la joie dans ma peinture mais c'est le fait de venir vous voir qui me conforte et me fait avancer. »

Ce que raconte l'histoire de François c'est combien nous avons besoin d'avoir sur notre chemin de vie des soutiens qui, d'une manière ou d'une autre, nous aident à prendre confiance. Si je me reporte à ma propre histoire, ce ne sont ni Taisen Deshimaru, Alexandre Jollien ou même Maurice Béjart qui m'ont permis d'éprouver des instants de jubilation ; ils ne sont que les points de repère de ce mouvement. Tout comme François, je suis le seul à avoir activé les moyens d'accéder à cette dimension magique et sereine du rapport au monde et d'avoir permis cette révolution interne (même furtive).

Nous avons besoin de l'autre pour nous révéler à nous-mêmes. C'est le sens du travail en psychothérapie. Mais cela est valable également hors du cabinet d'un thérapeute. Nous sommes nés dépendants de notre mère et de notre environnement et nous le sommes jusqu'à la fin de nos jours. Cette dépendance n'est pas un attachement qui nous emprisonne, c'est un lien qui nous libère tant que nous arrivons à dialoguer avec ce qui n'est pas nous et à faire de ce lien une source de dialogue et d'échanges. La joie est un élément actif et fécond de ce dialogue. Elle nous ouvre l'un à l'autre et nous permet d'illuminer le lien dans cette main continuellement tendue de corps à corps et de cœur à cœur.

Je rêve d'un monde où *éros* puisse triompher et donner sa pleine mesure. Je ne sais pas si ce monde verra le jour, mais ce qui m'apparaît sûr, c'est que ce dont nous avons besoin, dans une époque où le virtuel prend une place de plus en plus prépondérante, c'est de corps. C'est-à-dire de pouvoir être en harmonie avec nos organes, nos sens, nos émotions, afin de ne pas perdre ces aller-retour de communication fructueuse avec le corps des autres. Plus de joie partagée ne peut que nous ouvrir et nous faire grandir les uns avec les autres. Plus de joie échangée ne peut que nous donner l'impression juste d'être en accord et en synergie avec ceux qui nous sont proches comme ceux qui nous sont lointains. Vivre pleinement la joie peut nous amener à saisir avec plus de facilité et moins de calcul les mains qui se tendent vers nous. C'est notre part d'humanité la plus authentique et la plus simple à activer.

Le sourire intérieur que nous laissons grandir en nous peut devenir comme le signe d'une reconnaissance d'humain à humain au-delà des croyances et des ressentiments. Cela n'est en rien une utopie, car il y a urgence à ce que nous devenions de plus en plus vivants pour sourire au monde et qu'il puisse lui aussi nous sourire en retour.

Lorsque François, le peintre, a saisi qu'il ne pouvait ressentir la joie qu'en prenant appui sur un autre que lui, sa peinture en fut changée. Non pas que les couleurs de ses toiles devinrent plus vives ou plus sereines, mais une autre énergie anima sa main et son pinceau et… cela se ressentit. Lors de l'un de ses vernissages, il fut surpris du retour des visiteurs qui lui parlèrent de grâce, d'amour, de beauté, là où il pensait continuer à montrer de la tension et du drame : « Ma mère est venue me voir. Et vous savez combien cette femme m'est précieuse depuis le décès de mon épouse. Ma mère est ma critique la plus fine et la moins complaisante. Et elle m'a dit qu'elle sentait un changement subtil dans ce que je faisais. Elle ne savait pas quoi mais elle le sentait. Elle me regarda et me dit : "Toi, je te connais… Tu es de nouveau amoureux !" Non je ne l'étais pas. En fait si, je l'étais, mais je ne le savais pas vraiment. J'étais tombé amoureux de ma peinture, de mon geste. J'avais foi dans ce que je faisais. Une foi païenne et sauvage. Une foi joyeuse… Enfin !… et cela se sentait ! »

Je pense que comme François nous sommes des « chercheurs de joie » mais que nous ne le savons pas. Dès que nous mettons de la conscience sur cette quête essentielle, tout se met en mouvement et la perspective de trouver la joie se profile avec sérénité. Et nous accueillons cela avec un immense sourire intérieur. Plus rien ne peut nous détruire.

Bibliographie

ANDRÉ, Christophe,
Petites histoires d'estime de soi, Odile Jacob, 2009.
Imparfaits, libres et heureux. Pratiques de l'estime de soi, Odile Jacob, 2006.

BASHÔ, *Cent onze haïkus*, Verdier, 1998.

BROSSE, Jacques, *Pratique du zen vivant*, Albin Michel, 2005.

CADALEN, Sophie, *Inventer son couple. Préserver le désir au quotidien*, Eyrolles, 2006.

CORNEAU, Guy, *Le Meilleur de soi*, Robert Laffont, 2007.

CYRULNIK, Boris,
Je me souviens…, Odile Jacob, 2010.
Sous le signe du lien, Hachette Littératures, 2002.

DAMASIO, Antonio, *Spinoza avait raison. Joie et tristesse, le cerveau des émotions*, Odile Jacob, 2003.

DÜRCKHEIM, Karlfried Graf,
Pratique de la voie intérieure, Le Courrier du livre, 1994.
Le Centre de l'être, Albin Michel, 1992.

FREUD, Sigmund, *Malaise dans la civilisation*, Payot, 2010.

GREEN, André, *Narcissisme de vie narcissisme de mort*, Les Éditions de minuit, 1983.

HÉRIL, Alain,
Femme épanouie. Mieux dans son désir, mieux dans son plaisir, Payot, 2012.
Sexothérapie. Ces confidences qui soignent, Éditions Bussière, 2012.
Aimer. S'aimer soi pour mieux aimer l'autre, Marabout, 2010.

JOLLIEN, Alexandre, *La Construction de soi. Un usage de la philosophie*, Seuil, 2010.

KOTSOU, Ilios,
Petit cahier d'exercices d'intelligence émotionnelle, Jouvence, 2011.
Pleine conscience et acceptation. Les thérapies de la troisième vague, De Boeck, 2011.

NIETZSCHE, Friedrich, *Le Gai Savoir*, Gallimard, 1964.

ONFRAY, Michel,
Théorie du corps amoureux. Pour une érotique solaire, Le Livre de poche, 2001.
Le Désir d'être un volcan. Journal hédoniste, Le Livre de poche, 1998.

SPINOZA, Baruch, *Éthique*, GF Flammarion, 1964.

TOMASELLA, Saverio, *Le Sentiment d'abandon. Se libérer du passé pour exister par soi-même*, Eyrolles, 2010.

ZAOUI, Pierre, *Spinoza, la décision de soi*, Bayard, 2008.

Du même auteur

Jouvence Éditions
Les Ados, l'Amour et le Sexe, 2011.

Éditions Bussière
Pour l'harmonie du couple, 2011.

Pour soigner sa ligne, 2011.
Pour développer sa libido, 2011.
Pour vaincre sa timidité, 2011.
Pour surmonter la dépression saisonnière, 2011.
Pour vaincre ses phobies, 2010.

Flammarion

Quel est votre profil amoureux ? Tests et conseils pour réussir sa vie amoureuse (avec Catherine Maillard), 2004.
Êtes-vous doué pour le bonheur ? Tests et conseils pour être heureux (avec Catherine Maillard), 2004.

Le Courrier du livre

Journal d'un sexologue. Ce que veulent les femmes (préface de Catherine Bensaïd), 2003.

Jean-Claude Gawsewitch

Les Continents féminins. Voyage au cœur du plaisir des femmes (préface de Violaine Gelly), 2008.

www.ingramcontent.com/pod-product-compliance
Lightning Source LLC
Chambersburg PA
CBHW070840300326
41935CB00038B/1167